Gelassenheit gewinnen –
30 Bilder für ein starkes Selbst

Barbara Burghardt

Gelassenheit gewinnen – 30 Bilder für ein starkes Selbst

Wie Sie Ihren inneren Reichtum neu entdecken

2., verbesserte Auflage

Barbara Burghardt
Hannover, Deutschland

ISBN 978-3-658-07465-4   ISBN 978-3-658-07466-1 (eBook)
DOI 10.1007/978-3-658-07466-1

Die Deutsche Nationalbibliothek verzeichnet diese Publikation in der Deutschen Nationalbibliografie; detaillierte bibliografische Daten sind im Internet über http://dnb.d-nb.de abrufbar.

Springer Gabler
© Springer Fachmedien Wiesbaden 2014, 2015
Das Werk einschließlich aller seiner Teile ist urheberrechtlich geschützt. Jede Verwertung, die nicht ausdrücklich vom Urheberrechtsgesetz zugelassen ist, bedarf der vorherigen Zustimmung des Verlags. Das gilt insbesondere für Vervielfältigungen, Bearbeitungen, Übersetzungen, Mikroverfilmungen und die Einspeicherung und Verarbeitung in elektronischen Systemen.
Die Wiedergabe von Gebrauchsnamen, Handelsnamen, Warenbezeichnungen usw. in diesem Werk berechtigt auch ohne besondere Kennzeichnung nicht zu der Annahme, dass solche Namen im Sinne der Warenzeichen- und Markenschutz-Gesetzgebung als frei zu betrachten wären und daher von jedermann benutzt werden dürften.
Der Verlag, die Autoren und die Herausgeber gehen davon aus, dass die Angaben und Informationen in diesem Werk zum Zeitpunkt der Veröffentlichung vollständig und korrekt sind. Weder der Verlag noch die Autoren oder die Herausgeber übernehmen, ausdrücklich oder implizit, Gewähr für den Inhalt des Werkes, etwaige Fehler oder Äußerungen.

Titelfoto: (c) helfried / photocase.com

Gedruckt auf säurefreiem und chlorfrei gebleichtem Papier

Springer Fachmedien Wiesbaden ist Teil der Fachverlagsgruppe Springer Science+Business Media
(www.springer.com)

Hinweis an den Leser

Sind Sie, nachdem Sie dieses Buch gelesen oder sogar durchgearbeitet haben, ein gelassener Mensch? Möglicherweise nicht. Der Zustand von „Gelassenheit" – oder auch: innerer Ruhe – ist etwas, so scheint es, was sich für viele Menschen nicht als Dauerzustand erreichen lässt, und vermutlich kaum mal eben so durch die Lektüre eines Buches. Dieses Buch handelt daher vor allem von der „Gelassenheit zweiter Ordnung". Hierbei geht es weniger darum, wie man gelassen wird, sondern vielmehr um die Antwort auf die Frage, wie man der eigenen Nicht-Gelassenheit begegnet.

Ein Ergebnis der Lektüre könnte sein, dass Sie weiterhin immer wieder besorgt oder wütend sind, in ein (zuweilen selbst inszeniertes) inneres Chaos geraten oder sich in Ihrer Vergangenheit verheddern. Mit der „Gelassenheit zweiter Ordnung" aber sind Sie einverstanden mit diesen vorübergehenden Zuständen, anstatt mit sich selbst zu hadern. Mehr noch, Sie finden bald wieder zurück ins eigene Lot.

Es gibt viele Möglichkeiten, diese innere Ruhe zu bewirken. Eine davon ist es, mit sich selbst – inklusive der unangenehmen Emotionen[1] – einverstanden zu sein. Dieses Buch ermutigt Sie, Ihr gesamtes Wahrnehmungsspektrum auf eine ebenso leichte wie intensive Weise wertzuschätzen und so Schritt für Schritt weiterzukommen auf dem Weg zu einem selbstbestimmten und gelassenen Leben.

Der Text des letzten, des dreißigsten Kapitels, stammt übrigens nicht von mir. Er ist (gekürzt) aus dem Buch ‚Momo' übernommen. Das Bild, das Michael Ende einen seiner Darsteller erzählen lässt, ist mir ein Vorbild für meine Texte gewesen und hat mich darüber hinaus bei der Arbeit an diesem Buch immer wieder gestärkt. Ich danke Beppo Straßenfeger für seine weisen Worte.

Viel Spaß beim Lesen und gutes Gelingen beim jeweils nächsten Schritt wünscht Ihnen

Barbara Burghardt

---

[1] Wenn hier und im Folgenden von Emotionen die Rede ist, sind damit auch Stimmungen, Verhaltensweisen und Alltagssituationen gemeint – kurzum vieles von dem, was sowohl zu einem angenehmen wie auch unangenehmen Befinden beiträgt

Inhalt

Hinweis an den Leser 5

Emotionen greifbar machen 9

Zum besten Umgang mit diesem Buch 13

Welches Thema beschäftigt Sie zurzeit? 16

1. Scheitern (Karl) 19
2. Entwicklungsphasen (Freistunde) 23
3. Melancholie und andere Stimmungen (Die Stadtmusikanten) 27
4. Wünsche (Küsschen) 31
5. Gedankenkarussell (Ruhe im Karton) 35
6. Schatten der Vergangenheit (Mit leichtem Gepäck) 41
7. Vergessene Kindheitswünsche (Kellerkinder) 45
8. Pläne und Geduld (Im Fahrtwind) 49
9. Die Erwartungen der Eltern (My Melody) 53
10. Hoffnung (Der Wombat) 59
11. Disziplin (Ohne Sattel) 65
12. Persönlichkeitsentwicklung (Ornamente) 69
13. Angst (Ulla) 73
14. Umgang mit eigenen Fehlern (Das Mopsprinzip) 77
15. Arbeit als Statussymbol (Poker) 81

16.	Rückzugs- und Präsenzphasen (Erlauben Sie mal!)	87
17.	Wut (Die neue Mitbewohnerin)	93
18.	Auszeit (Mimosen)	97
19.	Heile Welt (Bilderbuch)	103
20.	Zweifel (Sahnehäubchen)	109
21.	Neuanfang (Kompost)	115
22.	Bauchgefühl (Partner für's Leben)	119
23.	Alltags- und Lebenskrisen (Dong!)	125
24.	Die Sorgen Anderer über mich (Im Hellen)	131
25.	Schlechtes Gewissen (Die Gouvernante)	137
26.	Mittelmäßigkeit (Daheim)	143
27.	Optimismus oder Realismus? (Pfützen)	147
28.	Entschleunigung (Schmetterling)	153
29.	„Stell dich nicht so an!" (Ein gutes Team)	157
30.	Große Projekte (Beppo)	163

Die Autorin 167

Abbildungsverzeichnis 169

Emotionen greifbar machen

Emotionen eine Gestalt zu geben, ist eine von vielen Methoden, um einen wertschätzenden Blick für sie zu bekommen. Auch hier gelingt der Vergleich mit den Mitmenschen: wenn Sie sich an einem Samstag durch die Menschenmenge drängeln, gibt es vermutlich viele Personen, die Ihnen auf die Nerven gehen. In dem Moment, in dem Sie von der Person, die hinter Ihnen in der Schlange steht, erführen, wie sie heißt... was sie gerade bedrückt... was in der Kindheit ein besonders schönes oder schreckliches Erlebnis war – in diesem Moment würden Sie dieser Person mit ein klein wenig Verständnis oder vielleicht sogar Sympathie begegnen.

Ähnlich ist es mit den Emotionen, die uns anstrengen. Wenn wir uns vorstellen, wie sie, angenommen sie seien ein Wesen, aussehen könnten... was ihre Ideen und Hoffnungen sind... welch überraschend fürsorglichen Blick sie auf uns haben... in diesem Moment fällt es uns leichter, diese Zustände und Situationen zu verstehen und ihnen womöglich sogar so etwas wie Sympathie entgegen zu bringen. Und indem man eine Emotion wertschätzt, wird es innerlich spürbar ruhiger. Auch hier ist es, wie bei uns Menschen: wer anerkannt wird, muss nicht mehr um Aufmerksamkeit kämpfen.

Ein weiterer Vorteil, Emotionen eine Gestalt zu geben ist, dass wir sie dadurch konkreter wahrnehmen können. Einen Zustand von ‚Angst' oder ‚Wut' können wir oft nicht genau beschreiben. Das ist meist eher ein Sammelsurium verschiedener Situationen, vermengt mit unangenehmen Erinnerungen. Dieses Nicht-Greifbare macht die Gefühle zu etwas Abstraktem. Zu etwas, was um uns ist oder was irgendwie ‚immer da ist', wie eine undefinierbare Masse. Wenn wir diesem Abstrakten benennbare Eigenschaften verleihen, geben wir unserem Inneren ein konkretes Bild, mit dem es sich auseinandersetzen kann.

Die Arbeit mit Mitteln wie Personifizierung, Externalisierung, Vergleich oder Metapher – mit Methoden also, die mit unseren inneren Bildern der Emotionen arbeiten – findet zu einem großen Teil im Unterbewusstsein statt.

> **Definition**
>
> **Personalisierung:**
> Ursprünglich ein literarisches Stilmittel, bei dem einem Gegenstand oder einem Abstraktum die Eigenschaften eines Lebewesens zugewiesen wird
> *Beispiel: Die Blumen strecken ihre Köpfe der Sonne entgegen.*
>
> **Externalisierung:**
> Eine therapeutische Methode, bei der eine innere Wahrnehmung (Emotion, Schmerz) so betrachtet wird, als könne man sie nach außen holen und von sich lösen.
> *Beispiel: An welchem Ort hält sich Ihr Kopfschmerz auf, wenn Sie gerade schmerzfrei sind?*
>
> **Vergleich:**
> Etwas mit einer anderen Sache ausdrücklich vergleichen (So-Wie-Struktur).
> *Beispiel: Das Lob war wie eine warme Dusche.*
>
> **Metapher:**
> Ursprünglich ein literarisch-rhetorisches Stilmittel, bei dem einem Wort eine Bedeutung im übertragenden Sinne zukommt.
> *Beispiel: der zweite Frühling als Bild für eine erneut erwachende Liebe.*
>
> Im therapeutischen Kontext ist die Metapher eine Geschichte, die das Problem mitsamt seiner möglichen Lösung anhand eines bildhaften Beispiels darstellt.

Indem wir uns von einer Emotion ein (neues) Bild machen, gestaltet dieses Bild künftig unseren Umgang oder auch unser Verhalten bezüglich dieser Emotionen mit. Sobald wir also ein solches positives Bild gestaltet haben, entwickeln sich die daraus entstehenden neuen Aspekte weiter und so ändert sich unwillkürlich und zuweilen kaum wahrnehmbar auch unser Verhalten und Fühlen.

Wenn es „nur" darum ginge, Emotionen eine Gestalt zu geben, bestünde dieses Buch lediglich aus 30 literarischen Texten und dann könnten wir, Autorin und Leser, uns darauf verlassen, dass sich die Wirkung bald einstellt.

Wer seine Emotionen positiv gestaltet (oder sie durch die Inhalte dieses Buches mitgestalten lässt), hat sich selbst tatsächlich oft schon den entscheidenden Impuls in Richtung Veränderung gegeben. Diese Arbeit mit dem Unterbewussten übernimmt, wenn man so will, der Bauch. Bei einigen Lesern wird sich an dieser Stelle alsbald der Kopf melden und nachfragen, worum genau es geht oder was die Hintergründe für das Thema sind. Bauch und Kopf – Gefühl und Verstand – arbeiten bei Veränderungsprozessen hervorragend zusammen, und das um so mehr, wenn sie die jeweils ergänzenden Informationen kennen. Es kann also durchaus hilfreich sein, wenn zu den (unbewusst wirkenden) Bildern noch eine Erklärung hinzu kommt.

Und schließlich ist es *eine* Sache, Bilder zu entwickeln und die Hintergründe zu verstehen – und eine *andere* Sache, tatsächlich etwas zu bewegen. Um etwas an sich selbst zu verändern, was in einem Teilbereich zu einem zufriedeneren Leben führt, kann man analysieren, was nicht funktioniert. Und es ist mindestens ebenso ratsam zu überlegen, wie es denn stattdessen funktionieren sollte. Für die Umsetzung dieser Überlegungen, so ist meine Erfahrung als Privatmensch und als Coach, braucht man eine Idee, was man konkret von jetzt an anders macht. Das kann eine Kleinigkeit sein, und dann überprüft man vielleicht erst einmal, was dadurch alles in Bewegung gerät. Denn mit unserem Verhalten ist es wie bei einem Mobile: wenn wir eine Sache anstupsen, schwingen dadurch meist viele andere mit.

Die Kapitel dieses Buches sind demzufolge dreiteilig aufgebaut: Erzählerischer Text, Sachtext und Übung zum Selbstcoaching.

Bei meiner Coachingarbeit darf ich oft Zeugin sein, wie eine für den Kunden unerwünschte Emotion nach und nach Gestalt annimmt. Viele Coachingkunden sind verblüfft, wenn sie ihrer eigenen Emotion plötzlich ‚begegnen'. Daraus entwickelt sich meist die Möglichkeit, einen stärkenden Umgang mit dem (bisherigen) Problem zu entwickeln. Ich bin immer wieder beeindruckt zu erleben, wie bei der Beschäftigung mit schwierigen Emotionen wie ‚Wut' oder ‚Verlassensangst' eine wertschätzende Beziehung entsteht. Jeder Kunde entwickelt zu seinem Anliegen im Gespräch, im Zuge von Strukturaufstellungen oder mit Hilfe von familienbrettartiger Figurenarbeit seine eigene Gestalt und deren ‚Story'.

Definition

Die **Strukturaufstellung** ist eine Methode aus dem Bereich der systemischen Beratungs- und Therapiearbeit. Der Betroffene stellt seine Problemsituation dar, indem er die Anteile, die an seiner Problemsituation beteiligt sind – Personen ebenso wie abstrakte oder gegenständliche Faktoren – im Raum in Form von Matten oder Papieren auslegt. Schon so werden Zusammenhänge deutlich. Die Wahrnehmung der Situation kann verstärkt werden, indem der Betroffene einzelne Positionen einnimmt und dadurch ahnt, wie seine Situation von einer anderen Position (der des Vaters, der Traurigkeit, der Arbeitsstelle,…) aus wirkt.

In der **Arbeit mit dem Familienbrett** sucht der Betroffene an der Problemsituation beteiligte Anteile in Form von Figuren aus – das können Holz-, Spielzeug-, Steinfiguren und vieles mehr sein – und bildet mit diesen Figuren seine Situation so ab, wie sie sich für ihn derzeit darstellt.

Beide Methoden unterstützten die Möglichkeit, von außen auf die eigene Situation zu schauen und dadurch Zusammenhänge und innere Vorstellungen besser zu erkennen. Ziel einer solchen Arbeit ist es, ein für den Betroffenen stärkendes Lösungsbild zu finden.

Da bei Strukturaufstellung und Familienbrett oft Emotionen als dargestellter Anteil beteiligt sind, bekommen diese im Laufe der Arbeit meist ein Eigenleben.

Jede dieser Geschichten ist zu intim, um sie zu veröffentlichen. Deshalb habe ich zu häufig auftauchenden Themen eigene Gestalten und Metaphern entwickelt. Einige der Themen überschneiden sich und werden unter verschiedenen Aspekten betrachtet. Diese 29 literarischen Bildgebungen sind stellvertretend für Hunderte weiterer Probleme, Sorgen, Änderungswünsche, und gemeinsam mit Ihnen bin ich gespannt, welche neuen lösungsfördernden Wesen und Geschichten durch die Impulse dieses Buches beim Leser entstehen.

Zum besten Umgang mit diesem Buch

Dieses Buch bietet unterschiedliche Bilder, Überlegungen und Herangehensweisen in 30 Kapiteln an. Die Themen überschneiden sich, richten den Fokus aber jeweils auf unterschiedliche Aspekte. Möglicherweise können Sie nicht mit allem etwas anfangen. Stellen Sie sich vor, Sie gingen durch ein Warenhaus: Das, was Sie nicht brauchen, lassen Sie liegen – und das, was Ihnen wirkungsvoll scheint, nehmen Sie mit.

Die Kapitel sind jeweils in drei Abschnitte gegliedert:

1. Erzählerischer Text auf der Grundlage von Metapher, Vergleich, Personifizierung oder Externalisierung

   Was fangen Sie damit an?
   Den erzählerischen Text können Sie so lesen, als sei es einfach nur eine kleine Geschichte. Falls das darin enthaltene Bild für Sie hilfreich ist, wird es von alleine anfangen, für Sie zu wirken.

   Für Coaching-Scheue:
   Dieser Abschnitt hat kaum etwas mit dem zu tun, was man sich üblicherweise unter Coaching vorstellt. Und falls Sie gerade eher wenig Interesse haben, etwas an sich zu ändern, können Sie diese Texte einfach zur Unterhaltung lesen.

2. Sachtext mit Informationen und Überlegungen zur Emotion, Stimmung oder Alltagssituation, um die es in dem Kapitel geht

   Was fangen Sie damit an?
   Lesen Sie diesen Abschnitt, wenn Sie (zusätzlich) über das bewusste Verstehen an Ihr Thema herangehen möchten. Beim Lesen wird es Informationen geben, die Sie nicht interessant finden oder die Sie bereits kennen – darüber lesen Sie hinweg. Die Passagen, bei denen Sie aufmerken, lesen Sie etwas intensiver und warten dann ab, wohin dieser „Aha-Effekt" Sie führt.

Für Coaching-Scheue:
Die Sachtexte sind verhältnismäßig kurz gehalten. Falls Sie neugierig werden, was es mit dem entsprechenden Thema auf sich hat, bekommen Sie hier Denkanstöße – denen Sie nicht weiter nachgehen müssen und die, falls Sie das möchten, auch nicht zu Veränderungen, sondern stattdessen zu einer reinen Wissenserweiterung führen.

3. Übungen zum Selbstcoaching
   Sie werden schnell merken, ob und wie Sie damit zurechtkommen, mit sich selbst zu arbeiten. Wenn Sie merken, dass Sie die Übungen interessant finden, alleine aber nicht weiter kommen, können Sie sie auch gemeinsam mit einem befreundeten Menschen durchführen. Oft ist es hilfreich, die Dinge tatsächlich jemandem zu erzählen, anstatt sie für sich allein im Kopf kreisen zu lassen. Ihr Gegenüber braucht dann ‚nur' zuzuhören – und wenn zudem ein konstruktiver Gedankenaustausch entsteht: auch gut.

   Was fangen Sie damit an?
   Machen Sie diese Übungen am besten nur dann, wenn das zugehörige Thema Ihnen zu schaffen macht. In diesem Fall nehmen Sie sich etwas Zeit, sorgen Sie für eine entspannte Arbeitsatmosphäre und beginnen Sie. Bleiben Sie solange an der Übung, wie Sie Neugier, Interesse oder positive Spannung empfinden. Sobald es anstrengt, legen Sie die Fragen beiseite und machen (eine Minute, eine Woche, ein Jahr) später weiter.

   Für Coaching-Scheue:
   Jetzt geht es doch ein wenig um Coaching. Vorsichtshalber arbeiten Sie aber erst einmal mit der Person zusammen, die Sie am besten kennt: Mit sich selbst. Die Übungen sind so entwickelt, dass Sie weder allzu sehr in Ihre Psyche schauen müssen, noch im Hauruck-Verfahren zu einem anderen Menschen werden. Stattdessen werden Sie, wenn Sie mögen, einen ersten kleinen Schritt bestimmen, der Sie (und Ihr Thema) in Bewegung setzt.

Die Abschnitte bauen aufeinander auf, können aber auch für sich gelesen werden. Sie werden bald feststellen, ob Sie jeweils das gesamte Kapitel lesen oder ob einzelne Abschnitte für Sie wirkungsvoller sind.

Vier Hinweise zum Veränderungsprozess:

1. Verändern Sie nur das an sich (Ihren Gefühlen, Stimmungen und Verhaltensweisen), was Sie daran hindert, zufrieden und glücklich zu sein. Das, was Ihnen nicht zu schaffen macht (und wovon vielleicht nur die Mitmenschen meinen, Sie sollten das mal ändern), können Sie getrost genau so lassen, wie es ist.
2. Wenn Sie die Übungen im Alltag anwenden, überprüfen Sie immer wieder: „Geht es mir damit besser, schlechter oder gleich gut?"
   Wenn es Ihnen gleich gut oder eher schlechter ergeht, überlegen Sie, was genau Sie noch ‚nachjustieren' können. Wenn es Ihnen durch die neue Verhaltens-, Denk- oder Fühlweise besser geht: behalten Sie die Veränderung bei oder verstärken Sie diese.

3. Ihr bisheriges Verhalten hat sich oft jahrelang entwickelt und es braucht Zeit und Geduld, um sich nachhaltig zu ändern. Der erste Schritt zur großen Veränderung ist eine minimale Veränderung. Nehmen Sie kleine Bewegungen wahr und seien Sie sicher, dass damit bereits etwas auf den Weg gebracht ist.
4. Suchen Sie spielerisch und liebevoll nach eigenen Bildern, Figuren und Formulierungen. Wenn Ihnen gerade nichts in den Sinn kommt, sind Kopf und Bauch noch bei der Arbeit – das Ergebnis werden Sie bald wahrnehmen.

Noch ein Gedanke von Thomas Hohensee aus seinem Buch ‚Gelassenheit beginnt im Kopf': „*Vielleicht meinen Sie aber: ‚Das geht nicht so einfach!' Da könnten Sie recht haben, aber es steht auch nirgendwo, dass es einfach sein müsste. […]. Reicht es nicht aus, dass es möglich ist?*"[1]

---

[1] Thomas Hohensee: Gelassenheit beginnt im Kopf. München, 2007

Welches Thema beschäftigt Sie zurzeit?

Thema	Kapitel
Abgrenzen, sich	9, 16, 24, 25
Aktivität	2, 8, 15, 16, 28
Akzeptieren, sich selbst	1, 9, 14, 20, 26
Alltagsstress	5, 15, 16, 23, 25, 28, 30
Anfangen	1, 8, 20, 21, 30
Angst	3, 5, 13
Ansehen, gesellschaftliches	1, 15, 26
Anspruch, eigener	1, 2, 9, 11, 15, 20
Arbeitslosigkeit	1, 15
Aufbruchsstimmung	1, 8, 20, 21, 30
Aufgabe	1, 2, 23, 30
Ausprobieren	1, 7, 10, 14, 20, 24
Auszeit	2, 15, 16, 18, 25, 28
Bauchgefühl	22
Bedenken	1, 5, 8, 10, 20, 22, 23, 24
Bedürfnisse, eigene	2, 9, 15, 16, 18, 24, 25, 29
Beziehung, gescheiterte	1, 6
Beziehungsverhalten, neues	10, 20, 21
Biographie	1, 2, 6, 7, 8, 9, 26
Bremse, innere	1, 10, 13, 20, 24, 30
Burnout, Gefühl von	2, 11, 15, 16, 23, 30
Denken, positives	8, 10, 21, 27
Depressive Verstimmung	3, 16, 18, 23
Disziplin	2, 11, 15, 21, 30
Ehrgeiz	1, 2, 9, 11, 15
Eile	5, 11, 15, 16, 23, 25, 28, 30
Eltern	9
Emotionalität	3, 13, 17, 18, 22, 29
Entscheidung	20, 22
Entschleunigung	11, 15, 16, 28, 30
Entwicklung, eigene	1, 2, 8, 12, 21, 30
Erfahrung, schlechte	1, 6, 10, 13, 19, 20, 22, 24
Erholung	2, 15, 16, 18, 25, 28, 30
Erwartung, eigene	9, 19, 20, 27

Erwartungshaltung anderer	9, 15, 18, 24
Existenzgründung	1, 20, 24
Extrovertiert	3, 16
Fähigkeiten, eigene	1, 9, 11, 26
Faulheit (vermeintliche)	11, 15, 16, 18, 30
Fehler	1, 9, 14, 20
Flow	11, 16, 30
Freizeit	7, 8, 16, 18
Frustration	1, 2, 20, 24, 26
Gebranntes Kind	1, 6, 10, 18, 19, 20
Gedanken, negative	1, 5, 10, 13, 20, 22, 24, 27
Gelassenheit	1, 2, 5, 8, 14, 23, 28, 30
Gesellschaftliches Leben	15, 16
Gewissen, schlechtes	25
Hektik	5, 15, 16, 23, 28, 30
Hindernis, inneres	1, 10, 13, 20, 24
Hobby	7
Hoffnung	1, 4, 10
Introvertiert	3, 16, 18
Kindheitstraum	7, 9, 19
Kollegen	15, 25, 26
Konsequenzen für das eigene Handeln	9, 24, 25
Krise	1, 2, 3, 6, 8, 10, 13, 16, 18, 23, 29
Lebenskonzept	7, 8, 9, 19
Lebenskrise	1, 2, 3, 6, 8, 10, 13, 16, 18, 23, 29
Lernen, lebenslanges	1, 2, 12, 21, 22
Mangel, Gefühl von innerem	9, 12, 26
Melancholie	3, 16, 18
Missgeschick	1, 9, 14, 20
Mittelmäßigkeit	7, 9, 12, 26
Muße	2, 15, 16, 18, 23, 25, 28, 30
Neuanfang	1, 8, 20, 21, 30
Optimismus	1, 8, 10, 21, 23, 24, 27
Pause	2, 15, 16, 18, 23, 25, 28, 30
Perfektionismus	2, 9, 14, 21
Perspektive	1, 2, 8, 20
Pessimismus	5, 10, 13, 20, 22, 23, 24
Plan	1, 2, 8, 21, 30

Projekt	1, 8, 30
Rationalität	5, 10, 19, 22
Ratschläge	24, 29
Realität	10, 19, 20, 22, 27
Rechtfertigung	9, 15, 24, 25
Risiko	1, 10, 13, 20, 22
Rückschlag	1, 2, 6
Rückzug, innerer	3, 16, 18
Scheitern	1, 14, 15, 23, 24
Schlaf	16, 18
Schwächen akzeptieren	3, 6, 9, 14, 26
Sehnsucht	7, 10, 19
Sorge tragen für sich selbst	2, 16, 18, 24, 25, 29
Status, gesellschaftlicher	15, 26
Stress	5, 16, 23, 25, 28, 30
Tempo, das eigene	2, 8, 15, 16, 18, 23, 28, 30
Träume, Tag-	1, 10, 19, 20, 27
Überforderung, Gefühl von	2, 11, 15, 16, 23, 30
Urlaub	15, 16
Veränderung (des eigenen Lebens)	1, 7, 8, 9, 10, 13, 20, 21
Vergangenheit	1, 2, 6, 14
Vergleiche mit Anderen	3, 9, 15, 19, 26
Verhalten, neues	21
Verletzung, seelische	2, 3, 6, 18
Vertrauen	8, 10, 22, 23, 24
Vision	1, 2, 7, 8, 10
Wagnis	1, 10, 20, 22
Weg, der eigene	1, 8, 9, 24
Wert, der eigene	9, 15, 26
Work-Life-Balance	7, 15, 16, 23, 25, 28
Wünsche	4, 7, 10, 19
Wut	3, 17
Zeit, zu wenig	11, 15, 16, 23, 25, 28, 30
Zukunft	1, 2, 8, 20
Zutrauen	1, 8, 10, 13, 24
Zweifel, eigene	1, 5, 8, 9, 10, 13, 20, 22, 23, 26

Scheitern 1

Auftakt

Wir dürfen viel öfter scheitern! Denn vor dem Scheitern gab es Idee, Risiko, Abenteuer. Währenddessen wächst die Fähigkeit, mit Krisen und den eigenen Schwächen umzugehen. Und anschließend hat man einen geschärften Blick auf Möglichkeiten und Gefahren gewonnen. Wer scheitert, kann gewinnen – und das umso mehr, wenn er sich nach einer Zeit der Regeneration wieder in Bewegung setzt und mit den gewonnenen Erfahrungen das nächste Wagnis eingeht.

Karl

Meine nackten Füße wärmen sich auf der steinigen Terrasse und neben mir raschelt es. Da kommt Karl. Karl lebt im Kaminholz unter der Sitzbank. Karl ist dick, blauschwarz, ziemlich schwerfällig und ein Käfer.

Er krabbelt aus dem Gehölz hervor, hält einen Augenblick inne und macht sich dann auf den Weg. Und der ist ausgesprochen mühselig, denn Karl plant offensichtlich, über die gesamte Steinterrasse zu krabbeln und jeder einzelne Stein mit seinem Auf- und Abstieg ist eine enorme Herausforderung für ihn. Von Zeit zu Zeit bleibt Karl stehen und marschiert dann unbeirrt weiter, Stein für Stein. Das geht eine ganze Weile so, und schließlich gelangt er an die hohe Stufe auf der ich sitze, nur weiß er nicht, dass das eine Stufe ist, also latscht er weiter, fällt hinunter, und landet auf dem Rücken.

Ich bin kurz davor, ihm zu helfen, aber Karl hat seinen Stolz. Er zappelt so lange, bis er wieder auf den Beinen landet und ohne zu zögern marschiert er weiter, als wäre nichts gewesen. Der dicke Käfer hat nun einen schmalen steinlosen Sandstreifen nah am Haus entdeckt. Stoisch kämpft er sich durch den rutschigen Sand. Er kann nicht wissen, wie lange sein Weg noch geht und ich frage mich, woher er diesen Antrieb nimmt, nach all den bisherigen Unbilden.

Und da passiert es. Ein Ameisenlöwe hat die winzige Vibration gespürt und in dem verheerenden Glauben, eine Ameise wandere über ihn hinweg, bläst er eine ordentliche Ladung Sand empor, um seine Beute in den so entstandenen Trichter zu bugsieren. Und der Käfer bekommt den Sand – anders kann man das nicht ausdrücken – voll in die Fresse. In diesem Moment würde Bruce Willis eskalieren. Karl aber hält kurz inne. Und denkt sich: „Nee, Freunde. Bis hier hin und nicht weiter!" Er wendet seinen tumben schwarzen Körper und dreht um. Er marschiert den ganzen Weg zurück, an mir vorbei, ohne mich eines Blickes zu würdigen, die Stufe empor, Stein für Stein über die Terrasse, alles wieder hinauf und hinunter, und schlägt sich zurück in sein Gehölz.

Ich an seiner Stelle hätte für lange Zeit genug von Abenteuern, unvorhersehbaren Hindernissen und dem Verlangen, einfach mal drauf los zu marschieren. Dann doch lieber im Gehölz hocken und von Heldentaten träumen. Nicht so Karl: Tags drauf, ich trinke meinen morgendlichen Kaffee, raschelt es erneut neben mir. Erhobenen Hauptes marschiert der Käfer auf die Terrasse und krabbelt behäbig den ersten Stein empor. Wir müssen uns Karl als einen glücklichen Käfer vorstellen.

* * *

In der eigenen Biographie bilden schwere Missgeschicke und Scheitern meist eher die Ausnahme. Gleichzeitig sind die damit verbundenen Erinnerungen oft so schambesetzt, dass wir unseren Fokus auf dieses einmalige Ereignis richten. Dabei sind es gerade auch diese nicht gelungenen Begebenheiten, die unser Leben ins Positive wenden können: Wer nach einem wie auch immer zu definierenden Scheitern mit klarem Blick und ohne sich zu verurteilen auf das Geschehene blickt, wird seine Gegenwart und Zukunft auf Grund dieser Erfahrung gezielt anders gestalten. Wichtig scheint es zu sein, wie man nach einem Misslingen damit umgeht. Oft folgt nach einem Scheitern eine extreme Reaktion: „Das mach ich nie wieder!" oder „Ich versuch's direkt noch mal [genau so]!" Hilfreicher ist es, nach einem nicht gelungenen Unterfangen differenziert zu schauen, was nicht geklappt hat (und dies beim nächsten Mal zu vermeiden) und was trotz allem gelungen ist (und dies beim nächsten Mal zu wiederholen).

Ein weiterer Aspekt ist die Generalisierung des Geschehenen: Etwas ist *ein Mal* misslungen – und daraufhin meinen wir, dass es nie mehr gelingen wird. Der Versuch der Selbstständigkeit ging gründlich daneben, und schon sagt sich derjenige „Ich kann das halt nicht!". Ein humorvoller Partner hat einen nach einem halben Jahr betrogen, und von da an sucht man nur noch nach ernsten Partnern. Beim ersten öffentlichen Vorsingen ist die Stimme vor Aufregung weggeblieben, und seitdem singt man nur noch heimlich im Badezimmer. Dabei ist anzunehmen: Der ersten Marktidee, die wirklich keiner wollte, kann eine Idee folgen, die der Renner ist. Dem einen humorvollen Partner, der einen betrog, können andere folgen, die treu und fürsorglich sind. Mit Übung, Geduld und einem guten Umgang mit Lampenfieber kann das nächste Vorsingen schon ein kleiner Erfolg werden.

Bei Projekten aber, deren Scheitern an die eigene Substanz ging, meldet sich bei einem erneuten Versuch das innere Warnsystem. „Das passiert mir nicht noch mal!" – das ist ein nachvollziehbarer und gleichzeitig lähmender Satz. Hier kann es sinnvoll sein, eine Grenze festzulegen, um der Gefahr des Uferlosen vorzubeugen. „Ich versuche es noch x Jahre lang" oder „Ich gebe noch x Euro aus und dann ist Schluss!" – solche inneren Vereinbarungen bieten Schutz und ermöglichen einen erneuten Versuch.

Unser selbstkritischer Umgang mit dem eigenen Scheitern wird verstärkt durch die noch vorherrschende gesellschaftliche Grundstimmung: Oft schwingt mit, dass jemand, der an einer Stelle seines Lebens scheiterte, ein ‚Versager' sei. Jedoch: Jemand, der scheitert, hat zuvor etwas gewagt, hat vermutlich gekämpft, hat, wenn nicht alles, so doch vieles auf die Beine gestellt. An einer Stelle seines Lebens hat etwas nicht geklappt und die Wahrscheinlichkeit ist hoch, dass ihm das so nicht noch einmal geschieht. Im Gegenteil: Menschen, denen in ihrem Privat- oder Berufsleben etwas grundlegend misslungen ist, haben ihren Mitmenschen genau diese Erfahrungen voraus. Wer gescheitert ist und diese Krise überstanden hat, der kann denen, die über ihn urteilen wollen, erhobenen Hauptes sagen: „Das macht mir erst einmal nach!"

Einladung zum nächsten Schritt

Bei welchem Vorhaben habe ich zurzeit Sorge, dass ich scheitern könnte?

___

Wenn ich in diesem Zusammenhang ans Scheitern denke: welche Begriffe, Bilder oder Gefühle kommen mir in den Sinn?
Schreiben Sie alles auf, was Ihnen spontan einfällt – auch, wenn Sie sich über Ihre Assoziationen wundern.

___

___

Wann bin ich in meinem Leben schon einmal gescheitert?
Vielleicht fällt Ihnen nichts Großes ein – dann darf es auch eine kleinere Begebenheit sein, z.B. „Ich war damals verknallt in X und er hat mich nie wahrgenommen".

___

Welche Konsequenz habe ich daraus gezogen:

- ☐ Ich hab's nie wieder versucht (und das war gut so).
- ☐ Ich hab's nie wieder versucht (und würde eigentlich gerne noch mal...).
- ☐ Ich hab's später noch mal (anders) versucht und mich dadurch weiterentwickelt.

Denken Sie an eine weitere Situation, in der Sie gescheitert sind.
Was hat eindeutig nicht geklappt (was müssten Sie also beim nächsten Mal anders machen oder sein lassen)?

_____

Was hat trotz allem wirklich gut geklappt (was können Sie also in einer anderen Situation wiederholen)?

_____

Denken Sie an etwas, woran Sie schon einmal gescheitert sind und was Sie dennoch gerne noch einmal probieren würden.

_____

Wie wahrscheinlich ist es, dass Sie ganz genau so noch einmal scheitern?

0 = garantiert nicht   ...   10 = mit absoluter Sicherheit

0	1	2	3	4	5	6	7	8	9	10

Mehr als 5: Was genau lässt Sie vermuten, dass es nicht klappen könnte – und was können Sie selbst auf Grund Ihrer Erfahrungen dagegen unternehmen?

_____

Wenn Sie die vorherigen Übungen noch einmal nachwirken lassen: was werden Sie in naher Zukunft noch einmal (anders) ausprobieren?

_____

Entwicklungsphasen 2

Auftakt

Im Laufe eines Lebens durchschreitet der Mensch mehrere Entwicklungsphasen, oft begleitet von krisenhaften Situationen. Dieser Prozess kann zu Überlastung führen, wenn zwischen den jeweiligen Entwicklungs- keine Ruhephasen entstehen. Da diese ruhigeren Zeiten sich nicht immer von alleine einstellen, bedarf es eines selbstverantwortlichen Umgangs mit den eigenen Möglichkeiten und Bedürfnissen.

Freistunde

In wenigen Wochen ist Gesamtkonferenz. Da trifft sich mein Leben mit all seinen wichtigen Instanzen und dann konferieren sie, knabbern an ihren Brillengestellen, schlürfen Kaffee und diskutieren, ob ich in die nächste Lebensphase versetzt werde.

Ich habe nämlich einen Antrag gestellt, dass ich freiwillig eine Phase wiederholen möchte. Irgendwann habe ich während der letzten Lektion den Anschluss verpasst und eines Morgens wachte ich auf und dachte „Ich komm nicht mehr mit!", und deshalb würde ich gerne eine Entwicklungsstufe wiederholen.

„Aber nicht doch!", hat der Klassenlehrer gerufen. Ich sei absolut richtig an dieser Stelle meines Lebens und ich müsse mich nun halt auch mal ein bisschen anstrengen und vielleicht sollte ich mich, um besser aufzupassen, in die erste Reihe setzen. Erste Reihe: soweit kommt das noch! Angestrengt hab ich mich lange genug, und jetzt würde ich mich gerne eine Weile zurücklehnen und den Stoff aus den jüngsten Erfahrungen noch mal in Ruhe durchgehen. Das zweite Mal vor die Berufsfrage gestellt werden, noch einmal eine Beziehung zu Bruch gehen sehen. Und dieses Mal meistere ich alles mit links!

Prüfungen werden ja angeblich nur über den Stoff abgelegt, der kürzlich unterrichtet wurde. Und so kommt vom Leben, wenn ich mich in einer Situation befinde, in der ich vor lauter Ratlosigkeit am liebsten die Hände vor die Augen legen und „ich bin nicht da!" rufen möchte, nur der knappe Hinweis „den Stoff haben wir lang genug durchgenommen!". Das hilft mir nicht wirklich weiter.

Ich war sogar bei der Vertrauenslehrerin, um mit ihr über meinen Nicht-Versetzungsantrag zu sprechen. Nachdem ich ihr zugestimmt hatte, dass ‚Weisheit' langfristig durchaus ein bemerkenswertes Ziel sei, konnte ich sie wiederum davon überzeugen, dass man auch in *dieser* Lehranstalt so etwas wie Ferien braucht. Zeiten, in denen man alles sacken oder die Sonne auf den Bauch scheinen, in jedem Fall aber sich keinerlei Druck mehr machen lässt.

„Wenn ich in meinem Leben zwischendurch Zeit für mich habe", hatte ich gesagt, „dann kann ich anschließend auch wieder voll loslegen!". Sie beantrage das mit den Ferien bei nächster Gelegenheit, hat sie mir zugesagt – in die nächste Lebensphase werde ich dennoch jetzt schon versetzt. Aber dann soll mein Leben sich nicht wundern, wenn ich mir an sommerlichen Tagen ab und zu mal eine Freistunde genehmige und von einem Straßencafé aus das Treiben betrachte.

* * *

Am Anfang des Lebens sind die Entwicklungsstufen und Fortschritte deutlich erkennbar: Laufen, Sprechen, Schreiben. Dementsprechend kann auch die Umwelt auf diese Phasen angemessen reagieren, indem sie unterstützt, fördert, lobt – und zwischendurch Pausen ermöglicht.

Später finden viele Prozesse innerlich statt. Der Blick auf die Eltern ändert sich, und damit auch das eigene Erwachsenwerden. Man durchlebt eine berufliche Krise und überdenkt daraufhin den eigenen Arbeitsstil. Nach einer schwierigen Beziehung erkennt man die eigenen Muster und löst diese auf. All das sind anstrengende „Lerneinheiten" mit allem, was vom Lernen bekannt ist: Anfangs geht es recht zügig mit den Erkenntnissen, dann folgt die so genannte Plateauphase, in der kaum etwas fortschreitet, vielleicht auch Rückschritte, und dann geht es langsam wieder voran, bis sich der neue Stoff gefestigt hat.

Diese Festigung braucht Zeit. Wer ein Musikinstrument oder eine Sportart erlernt, kennt das: kontinuierlich wiederholt man bestimmte Bewegungsabläufe oder Tonfolgen, bis Kopf und Körper diese Vorgänge verinnerlicht haben. Wer zu ungeduldig ist, merkt oft später, dass er die frühen Lektionen noch einmal üben muss. Und wer sich keine Zeit gönnt, das Erlernte ‚einfach so' anzuwenden, ist frustriert: anstatt dass er sich eine zeitlang ausruht auf dem Gefühl „das kann ich jetzt", begibt er sich direkt zur nächsten Lektion und damit wieder zu dem Punkt „ich kann kaum etwas".

Diese Lernstrukturen lassen sich auf die Entwicklungsphasen des Lebens übertragen. Auch hier ist es ratsam, neue Erkenntnisse, Verhaltensweisen und Gefühle Schritt für Schritt zu lernen und so oft zu wiederholen, bis sie zur Routine geworden sind – und sie dann eine Zeit lang anzuwenden, ohne bereits die nächste Herausforderung anzugehen. Wer beispielsweise durch eine Therapie erkannt hat, wieso er immer wieder zum Opfer wurde, der braucht Zeit (und Kraft), die daraus entstehenden neuen Verhaltens- und Denkmuster anzuwenden. Er wird zwischendurch vielleicht stagnieren, es mag kleine Rückfälle geben, und eines Tages ist das neue Verhalten selbstverständlich geworden.

Die meisten Menschen brauchen, nachdem sie eine neue Stufe (im Beruf / der inneren Wahrnehmung / des Verhaltens... – was auch immer) erreicht haben, Wiederholungen,

(Eigen-)Lob und eine Pause. Da diese Stufen von der Außenwelt nicht immer wahrgenommen werden, passiert es, dass ein Mensch durch externe Einflüsse vor neue Aufgaben gestellt wird zu einer Zeit, in der er sich noch von der vorhergegangenen Entwicklungsphase erholt. Die Außenwelt will einen weder überfordern noch auf die Probe stellen: oft weiß sie nichts von den vergangenen anstrengenden Zeiten. Daher ist es dann angemessen, die angetragenen Aufgaben durchaus wahr- und ernst zu nehmen und sie gleichzeitig auf einen Zeitpunkt zu vertagen, an dem die inneren und äußeren Kräfte eine neue „Lebenslektion" bewerkstelligen können.

Einladung zum nächsten Schritt

Was waren in den letzten 10 bis 20 Jahren einschneidende Ereignisse für mich?
Wählen Sie 2–3 Ereignisse aus!

_____

_____

_____

Was habe ich aus diesen Ereignissen gelernt?
Wählen Sie 2–3 erlernte Dinge aus.

_____

_____

Wählen Sie daraus eine erlernte Sache aus.
Auf einer Skala von 0 (noch gar nicht) bis 10 (voll und ganz): wie sehr ist das neu Erlernte bereits selbstverständlich für mich geworden?

0 = noch gar nicht   ...   10 = voll und ganz

0	1	2	3	4	5	6	7	8	9	10

Was waren in den letzten 2–12 Monaten lehrreiche Ereignisse / Begegnungen / Erkenntnisse für mich?
Wählen Sie 2–3 Ereignisse aus!

_____

_____

_____

Was habe ich aus diesen Ereignissen gelernt?
Wählen Sie 2–3 erlernte Dinge aus.

_____

_____

Wählen Sie eine Sache, die Sie gelernt haben, aus.
Auf einer Skala von 0 (noch gar nicht) bis 10 (voll und ganz): wie sehr ist das neu Erlernte bereits selbstverständlich für mich geworden?

0 = noch gar nicht   ...   10 = voll und ganz

0	1	2	3	4	5	6	7	8	9	10

Wenn ich die Möglichkeit hätte: wie viele solcher (Entwicklungs-)Stufen möchte ich in meinem Leben noch erleben?

☐ Gar keine mehr!
☐ So viel wie möglich!
☐ Ein paar können noch kommen – aber bitte mit Abständen!

Woran merke ich, dass ich mich von einer vergangenen schwierigen Zeit wirklich erholt habe und neuen Aufgaben gewachsen bin?

_____

_____

_____

Wenn ich merke, dass ich noch in der Erholungsphase bin: welche Möglichkeiten habe ich, regelmäßig für mein leibliches und seelisches Wohl zu sorgen?

_____

_____

_____

Melancholie und andere Stimmungen 3

> **Auftakt**
>
> Es gibt Gefühle und Stimmungen, die bei Mitmenschen eher auf Abneigung stoßen. Mehr noch, viele dieser Zustände mag man an sich selbst nicht besonders. Wer sie daraufhin zu vermeiden sucht, schränkt das eigene Gefühlsspektrum ein und kann zudem damit rechnen, dass sie sich auf anderem Wege bemerkbar machen. Jedes Gefühl zu wertschätzen, ist eine Möglichkeit, auch den unerwünschten Stimmungen Raum zu geben.

Die Stadtmusikanten

Die Melancholie war von früh an mein Sorgenkind. Wir haben oft zu Zweit am Meer gesessen und ich habe sie immer einmal mehr auf den Schoß genommen, als die anderen Gefühle.

So ein dunkles Wesen hüpft eben nicht unbeschwert durch die Welt, sondern findet das Dickicht und verliert sich darin. Und wenn die anderen Stimmungen sich auf dem Schulhof balgten, stand sie allein am Tor und blickte in die Ferne. Ich nahm sie so, wie sie war, doch manchmal wünschte ich, sie möge mich einfach nur in Ruhe lassen. Ganz anders entwickelte sich ihre kleine Schwester, die Oberflächlichkeit. Sie war eines jener Wesen, die mit blonden Locken und Grübchen in der Wange fremde Herzen öffnen. Was hatten wir für große Momente! Wir haben Tränen gelacht und Kitsch gemocht und ich vergaß alle Sorgen, wenn ich mit ihr zusammen war. Doch die Menschen, deren Anerkennung ich suchte, schüttelten missbilligend Kopf. Daher ließ ich die Oberflächlichkeit bald bei wichtigen Treffen daheim und wir trafen wir uns nur noch heimlich zum Tanzen.

Einige Zeit später lernte ich die Gelassenheit kennen, und ihre elegante charmante Art beeindruckte mich. Wir wanderten durch weite Landschaft und führten tiefgehende Gespräche. ‚Die hält sich wohl für was Besseres', schimpfte manch anderes Gefühl hinter uns her, und sie tröstete mich still. Eines Abends kam ich von einem solchen Treffen nach Hause. Vom Flur aus hörte ich, wie sich Melancholie und Oberflächlichkeit in der Küche unterhielten. Leise stellte ich mich an die Tür.

„Am liebsten würde ich mich für immer in eine Höhle zurückziehen", hörte ich die Melancholie. „Ich mach sie ja doch nur traurig."

„Na, immerhin holt sie dich manchmal abends noch zu sich", sagte die Oberflächlichkeit. „Ich glaube, sie wäre viel froher, wenn sie *mich* los wird, denn ohne mich hätte sie bestimmt viel mehr Anerkennung."

Dann war es still. Ich kniete mich vor das Schlüsselloch und sah die Beiden nebeneinander sitzen. Gerade legte die Melancholie ihre Hand auf die der Oberflächlichkeit und diese tätschelte unbeholfen zurück. „Wir können ja zusammen abhauen", sagte sie schließlich. „So, wie die Bremer Stadtmusikanten", und die Melancholie lächelte müde.

Am darauf folgenden Samstag bin ich mit den Beiden in den Zoo gegangen. Die Melancholie wollte zu den Pinguinen, die Oberflächlichkeit zu den Erdmännchen. „Das machen wir jetzt öfter mal", flüsterte ich, als wir abends im Bus saßen, und da haben sie genickt und sich mit ihren müden roten Wangen an mich gekuschelt.

* * *

Wer ist schon gerne trübsinnig? Viele Menschen kennen die Melancholie oder das Gefühl depressiver Verstimmung, zumindest als vorübergehende Stimmung. Dann ist man vor allem damit beschäftigt, aus der Stimmung wieder heraus zu kommen, denn sie ist anstrengend, macht traurig, erschwert das alltägliche Tun oder selbst die einfachsten Gespräche. Dunkle Gedanken nehmen von einem Besitz und vieles, was sonst leicht und selbstverständlich erscheint, ist kaum zu bewältigen. Im Nachhinein erkennt man oft, dass die Zeit des Trübsinns gar nicht so lange anhielt und sogar etwas bewirkt hat. In einer melancholischen Verfassung begeben wir uns in die Tiefe der Seele, und oft setzt diese Erfahrung kreative Kräfte frei. Viele der schönsten Texte, Bilder und Songs sind in einem Zustand von Melancholie oder depressiver Verstimmung entstanden. Und doch ist solch betrübte Stimmung gesellschaftlich immer noch eher verpönt.

Andererseits: Wer lässt sich schon gerne als oberflächlich bezeichnen? Da schwingt mit, dass man nicht ordentlich nachdenkt, dass man unwesentlichen Ereignissen den Vorzug vor wichtigem Weltgeschehen gibt, und dass man nicht in der Lage ist, tiefer gehende Gespräche oder Freundschaften zu führen. Tatsächlich: Wer (gerade mal) oberflächlich ist, will plaudern, mag Mainstream-Musik oder liest Schmöker. Gerade für Menschen, die die Welt sonst skeptisch, kritisch oder zweifelnd wahrnehmen, ist eine oberflächliche Zeit – sei es eine Stunde oder ein Jahr – wie eine Erholung von all den Grübeleien und Auseinandersetzungen, denen Gehirn und Herz sonst ausgesetzt sind. Und doch: das Bild von sich selbst als oberflächlichem Geschöpf ist eher unangenehm, und so überlegt man sich gut, in wessen Gegenwart man diese Art von Leichtigkeit zeigt.

Dies sind zwei Beispiele von Gefühlslagen, die zum Lebensspektrum vieler Menschen dazugehören. Dennoch verbirgt oft der, der eigentlich in der entsprechenden Stimmung ist, sie vor seinen Mitmenschen. Und je öfter sich bestätigt, dass eine solche Stimmung nicht erwünscht ist, desto größer ist die Gefahr, dass man diese gesellschaftliche Erwartung für sich selbst übernimmt, bis man sich die Stimmung nicht einmal mehr zugesteht, wenn man mit sich selbst alleine ist. Eine Gefühlslage ist selten etwas, was sich einfach wie ein Kleidungsstück an- oder ausziehen lässt. Die Ursache dessen, was uns in diesem Moment hat melancholisch oder oberflächlich werden lassen, bleibt bestehen und bedarf einer ‚Behandlung'. Vielleicht hat es kürzlich ein Erlebnis gegeben, das alte Erinnerungen geweckt hat, und die Melancholie wirkt wie Tränen: sie löst uns von der Traurigkeit. Vielleicht haben wir so anstrengende Zeiten hinter uns, dass das Gehirn dringend eine Pause braucht, und ein oberflächlicher Abend für die nötige Entspannung sorgt, damit wir wieder zu Kräften kommen.

Ein weiterer Aspekt ist, dass es unser Verständnis von uns und der Welt erweitern kann, wenn wir in diese extreme Gefühlswelt zu tauchen wagen. Auch, wenn wir normalerweise eher gemäßigte Gefühle haben, ist eine Phase tiefer Melancholie oder enormer Oberflächlichkeit wie eine Abenteuerreise der Gefühle. Sich an die ‚Abgründe' des eigenen Empfindens heranzuwagen oder die eigenen Werte vorübergehend über Bord zu werfen, kann dazu führen, dass wir mit neuen Ideen zu uns und unserem Leben in den Alltag zurückkehren.

Einladung zum nächsten Schritt

Mit welcher eher extremen Stimmung hadern Sie immer mal wieder?

_____

_____

_____

Stellen Sie sich vor, über Ihren letzten Ausflug in diese Stimmung würde ein Artikel in einem Reisejournal geschrieben: wie würde die Überschrift lauten?
Beispiel für die Stimmung ‚Ungeduld': Die Frau, die sich selbst überholte

_____

Die folgende Übung braucht etwas Zeit. Wenn Ihnen nicht sofort ein Bild kommt, legen Sie die Fragen erst einmal beiseite und warten Sie ab, bis sich Konturen zeigen.

Mal angenommen, Ihre Stimmung wäre ein „Wesen":
Ist sie eher groß oder eher klein?

_____

Welche Farbe hat sie?

_____

Aus welchem Material (Holz, Metall, Gas, …) ist sie?

_____

Ist sie eher lebendig oder eher gegenständlich?

_____

Hat sie vielleicht sogar ein Gesicht?

_____

Was vermuten Sie, wie alt sie ungefähr ist?

_____

Was können Sie noch über dieses Wesen berichten?

_____

_____

_____

Denken Sie noch einmal an diese Stimmung. Was ist das Gute an ihr (und das kann eine Kleinigkeit sein)?
Beispiel: Wenn ich total wütend bin, werde ich körperlich total aktiv – das ist besser als jeder Sport!

_____

_____

_____

Was könnten andere Menschen an Ihnen mögen, wenn Sie in dieser Stimmung sind?
Beispiel: wenn ich total wütend bin, merken meine Mitmenschen, dass ich eben nicht immer nur vorbildlich freundlich bin, sondern auch so ein „Tier" in mir habe...

_____

_____

Wünsche

4

Auftakt

Wünsche sind heikel. Man muss sie erst mal wahrnehmen und anschließend auch noch äußern, so unverschämt, seltsam oder peinlich sie auch sein mögen. Wünsche offenbaren zudem das Gefühl eines Mangels, der möglicherweise nicht behoben werden kann. Also besser gar nichts wünschen? Damit vergibt man sich die Chance, dass der Wunsch doch erfüllt wird. Und selbst ein unerfüllter Wunsch kann bei der Wahrnehmung eigener Bedürfnisse hilfreich sein.

Küsschen

Helle Aufregung unter den Wünschen. Die großen sind schon ganz vorne auf der Bühne und starren ins Scheinwerferlicht.

Dahinter versammeln sich nach und nach die kleineren Wünsche, manche bleiben im Dunklen stehen, nicht sicher, auf welche Position sie gehören, andere schauen sehnsüchtig zu den Stars. Ein winziger Wunsch hat sich unauffällig durch die Menge gedrängelt, steht nun ganz vorne und blinzelt herausfordernd in den Saal hinein. An den Seiten bereiten sich die vergessenen Wünsche vor, die unbewussten, die nicht getrauten. Sie dehnen sich und üben Tonleitern, ihre Kostüme sind mit Pailletten überhäuft, und fällt nachher wie durch Zufall das Licht auf sie, bleiben sie wie ertappt stehen.

Vor dem Hinterausgang bremst heftig ein Auto und ein kleiner rotwangiger Wunsch springt heraus. Während er, seine Tasche schwenkend, Richtung Garderobe hüpft, schaut ihm die Fahrerin sehnsüchtig hinterher. Wie gerne stünde sie selbst dort oben, sie, der große Wunsch, um den es doch eigentlich geht. Sie blickt in den Rückspiegel und zieht die Lippen nach. „Nächstes Jahr traue ich mich", sagt sie leise und dreht das Radio lauter, dann fährt sie davon. Währenddessen drängeln sich in den Logen die ersten Zuschauer. Mit ihren Operngläsern suchen sie die Bühne ab nach dem Wunsch des Geliebten, der Mutter, einer geschätzten Kollegin. Ein ernster Mann macht sich eifrig Notizen und merkt nicht, dass von der Bühne aus bereits ein schüchterner Wunsch versucht, ihn auf sich aufmerksam zu machen.

Auf den vorderen Plätzen sitzen nun auch die Geschenke und suchen den Wunsch, zu dem sie gehören. Eines trägt ein so aufwändiges Kleid, dass ihm die Blicke der Umsitzenden peinlich werden. „Eigentlich trage ich viel lieber Jeans", flüstert es seinem Nachbargeschenk zu. Eines in der dritten Reihe konnte vor Aufregung kaum schlafen und reibt sich die müden Augen. Andere Geschenke winken bereits eifrig und werfen Küsschen. Auf der Bühne breitet sich Unruhe aus. Ein großer Wunsch findet sein Gegenüber nicht und ist enttäuscht. Ein jahrzehntelang verborgener Wunsch sieht sich als Geschenk ganz links am Rand sitzen, fassungslos hält er die Hand vor den Mund.

In der Pause fallen im Foyer bereits die ersten einander um den Hals und eilen Hand in Hand davon. Und am Ende des Abends sitzt vorne am Rand nur noch ein einziger Wunsch, einer von den ganz alten, der fest darauf vertraut, dass er sich erfüllt. Dieses Jahr. Oder nächstes. Und er baumelt mit den Beinen und singt sein Lied.

* * *

Mit dem Wünschen ist das so eine Sache. Es gibt die offensichtlichen und praktischen Wünsche: ein Buch, das einem empfohlen wurde oder ein neues Fahrrad, weil das alte kaputt ist. Und es gibt Geschenke, die man sich gar nicht gewünscht hat und trotzdem prima findet: eine CD, die den eigenen Geschmack trifft oder eine Delikatesse, die man noch nicht kannte.

Dann gibt es die geheimen Wünsche, die uns zu groß, zu albern, zu teuer oder zu unnötig erscheinen. Nicht immer sind dies greifbare Dinge, sondern beispielsweise der Wunsch nach mehr Zuwendung vom Partner, der Besuch einer weit entfernt wohnenden Freundin oder eine unbefristete Stelle. Wünsche, die man schon sehr lange hat, locken oft durch ein „Wenn-Dann". Wenn ich den neuen Schaukelstuhl habe, dann werde ich viel öfter eine Pause machen. Und wenn mein Freund mehr Zeit für mich hat, werden wir wieder harmonischer miteinander sein. Es kann also sinnvoll sein, auch den Wunsch hinter dem Wunsch zu betrachten und sich zu fragen, wie man dieses Bedürfnis auch anders erfüllen könnte. Ein guter Anfang ist es, diesen Wunsch auszusprechen, entweder direkt an den Adressaten oder erst einmal für sich selbst. Erst in dem Moment, in dem ich mir eines Wunsches bewusst bin, kann ich seine Erfüllung aktiv ermöglichen. Das ist vergleichbar mit dem Einkauf in einem großen Supermarkt: wenn ich weiß, dass ich Bananen und Reis brauche, wird mein Blick sehr gezielt nach Bananen und Reis suchen, sich wenig von all den anderen Waren ablenken lassen und schließlich die gesuchten Produkte finden.

Manchmal müssen heimliche Wünsche auch gar nicht ausgesprochen werden. Wenn man zum Geburtstag die bunte Uhr geschenkt bekommt und ausruft „woher wusstest du das?", und die Freundin sagt „Du bist doch jedes Mal vor dem Geschäft stehen geblieben", hat die Schenkende eventuell mehr gewusst als der Beschenkte. Diese unbewussten Wünsche sind im Alltag oft nicht wirklich zehrend, weil wir sie nicht ständig wahrnehmen und deshalb auch gar nicht ahnen, dass da etwas unerfüllt bleibt. Wenn wir wollen, dass sie unbewusst bleiben: gut so. Wenn wir gerne wüssten, was wir uns heimlich wünschen, dann können wir im Alltag aufmerksam darauf achten, was bei uns ein Gefühl von Neid oder Sehnsucht auslöst: dies sind deutliche Hinweise auf die eigenen Wünsche.

Schließlich gibt es noch die unerfüllten Wünsche – ob ausgesprochen, heimlich oder unbewusst. Wünsche an das Verhalten anderer sind eine schwierige Sache, weil wir sie nicht selbst erfüllen können. Hier gilt (leider…), dass man immer nur sich selbst, nicht aber den Anderen ändern kann. Und doch: der Wunsch an das Gegenüber darf ausgesprochen werden und man darf darauf hoffen, dass er erfüllt wird. Andere unerfüllte Wünsche kann man sich hin und wieder auch selbst erfüllen. Merkwürdigerweise schrecken wir davor oft zurück. „Einfach so? Das ist doch zu teuer und obendrein unnötig!" – obwohl wir diesen Wunsch einer guten Freundin sofort erfüllen würden. Dabei haben wir die eigene Erfüllung unseres Wunsches vermutlich längst verdient.

Einladung zum nächsten Schritt

Erinnern Sie sich noch daran, wie es war, Wunschzettel zu schreiben? Stellen Sie sich vor, heute Nacht kommt eine Fee zu Ihnen ans Bett und holt unter Ihrem Kopfkissen den Wunschzettel hervor. Und alles, wirklich alles, was darauf steht, wird in Erfüllung gehen. Was steht auf Ihrem Zettel? Nehmen Sie sich Blatt Papier und schreiben Sie Ihre Wünsche auf...

Klammern Sie als nächstes zuerst Wünsche aus, die eher unrealistisch sind – zum Beispiel: „ein Lottogewinn".

Für den nächsten Schritt hier eine Vorübung. Geben Sie den Begriffen in der folgenden Liste jeweils eine 0 für „Mag ich gar nicht" bis 10 „Mag ich sehr!". Sie können die Zahlen mehrmals verwenden. Schreiben Sie die Zahlen so schnell wie möglich hinter die Begriffe:

Kaffee	
Tee	
Cola	
Wein	
Apfelsaft	
Bier	
Pizza	
Pfannkuchen	

Wiener Schnitzel	
Mousse au chocolat	
Kartoffelsuppe	
Urlaub in Spanien	
… in Norwegen	
… am Meer	
… zuhause	

Hat's geklappt? Dann wenden Sie sich nun Ihrer Wunschliste zu, und schreiben Sie hinter jeden Wunsch eine Ziffer von „0" (Wünsche ich mir ein klein wenig) bis „10" (Wünsche ich mir sehr!).
Betrachten Sie nun alle Wünsche, hinter denen eine Zahl zwischen 7 und 10 steht. Welche Wünsche davon haben Sie noch niemandem geäußert? Vielleicht fällt Ihnen auch direkt jemand ein, dem Sie diesen Wunsch mitteilen können? – Dann schreiben Sie den Namen dazu.

Welche Wünsche könnten Sie sich auch selbst erfüllen?

_____

Wann werden Sie sich einen dieser Wünsche erfüllen?
Vielleicht gibt es auch einen Grund zur Belohnung, zum Beispiel „wenn ich das Zimmer aufgeräumt habe" oder „wenn ich die Bewerbung abgeschickt habe".

_____

Und nun suchen Sie aus ihrer Liste jenen Wunsch heraus, der zurzeit für Sie am größten ist. Was genau wird sich für Sie ändern, wenn dieser Wunsch erfüllt ist?

_____

_____

Was werden Sie tun, was Sie bisher noch nicht getan haben, um das eigentlich Erwünschte in erreichbare(re) Nähe zu rücken?

_____

_____

Sind Sie neugierig auf Ihre unbewussten Wünsche? Dann achten Sie in nächster Zeit immer mal wieder aufmerksam darauf, wann Sie ein Gefühl von Neid oder Sehnsucht befällt, und notieren Sie Ihre „Liste der unbewussten Wünsche" – mit der Sie dann vorgehen können wie oben beschrieben!

Gedankenkarussell 5

Auftakt

Die Gedanken rattern und schnattern unaufhaltsam im Kopf herum, und dies besonders in überfrachteten Lebenssituationen. Innere Ruhe wäre da weitaus hilfreicher, denn eine solche gedankliche Dauerbeschallung ermüdet und stresst. Solange es keinen Schalter für die eigenen Gedanken gibt, bewahrt man sich vor Überflutung, indem man gezielt einzelne Gedanken herausgreift und auf diese dann individuell reagieren kann.

Ruhe im Karton

Das Gute an Laubbläsern ist die Stille danach, und so wäre es wohl auch, wenn im Kopf alle Gedanken gleichzeitig Ruhe gäben.

Stattdessen stoße ich gleich in der Stirn auf die Bühne für große Gedanken, über der das jeweils aktuelle Vortragsthema plakatiert ist. „Der Weg zum Erfolg", „Zukunftsangst" oder „Freundschaften, gut geführt". Da gibt es stürmische Diskussionen und von Streitkultur fehlt jede Spur. Am Flipchart steht ein wesentlicher Gedanke und versucht, mich von seiner Idee zu überzeugen, während sich am Rande mehrere Gedanken partout nicht einigen können. Weiter hinten im Kopf entdecke ich eine Halle, in der arbeitslose Gedanken auf ihren Einsatz warten. Ungeduld macht sich breit, und ein nervöser Gedanke schimpft, wann es denn endlich weiter geht. Eine besonders stürmische Idee macht ihrem Frust Luft, indem sie in Richtung Bühne pöbelt. „Etwas Musik und Kaffee täte hier gut", denke ich im Vorübergehen und höre links das Stimmengewirr aus dem Bereich der Alltagsgedanken. Kurz darauf bemerke ich im Hinterkopf das Seniorenheim. Alte Gedanken blicken aus dem Fenster und freuen sich über Postkarten. Mit etwas Glück haben sie einen alten Kumpel, mit dem sie sich austauschen können. Hier sind die Stimmen gedämpfter, und nur manchmal kommt einer aus der Führungsetage und ruft den Ältestenrat zusammen. In einem weiteren Geschoss entdecke ich die Welt der jungen Gedanken. Gekreische, Johlen, Weinen – das volle Programm. Die Kleinen sind meist sich selbst überlassen und je nach dem, ob sie eher eine Pippi-Lotta oder eine Annika sind, reißen sie andere Gedanken mit oder stehen schüchtern in der Ecke und warten, bis jemand sie abholt. Erschöpft lasse ich mich auf ein Sitzkissen fallen.

„Jetzt ist hier mal Ruhe im Karton" hieß es früher bei uns zu Hause zur Mittagsruhe oder ähnlich langweiligen Angelegenheiten, bei denen wir Kinder viel mehr Lust auf Spektakel hatten.

Je ruhiger wir sein sollten, desto mehr haben wir geplappert und gekichert. So sitze ich hier in meinem Kopf und versuche, die Pausetaste zu finden, doch auf der Bühne, in Halle und Kinderzimmer quasselt es stetig weiter. Draußen dröhnt auch schon wieder der Laubbläser und mit etwas Glück springt wenigstens dort bald die Sicherung raus.

* * *

Wir machen uns Gedanken. Und auch, wenn das Denken selbst immer nur im Augenblick stattfindet, bleibt das Gedachte ein Teil unserer Biographie. Dabei sind die vergessenen Gedanken möglicherweise ebenso bedeutend wie die Gedanken aus Kinderzeiten, und *einmal* Gedachtes ist manchmal entscheidender als das stets Wiederholte.

Meist kommt es einem so vor, als hätte man seine Gedanken nicht unter Kontrolle. Im Gegenteil: das Gedankenkarussell dreht sich, obwohl man es am liebsten anhalten würde, und die unangenehmen Gedanken drängen sich einem gerne nachts auf. Es scheint, als führten unsere Gedanken ein Eigenleben. Das Anstrengende ist, dass die Gedanken auf uns einreden können, egal, was wir gerade tun. Beim Autofahren, essen, fernsehen, spazieren gehen... – es gibt kaum etwas, womit wir uns soweit ablenken können, dass die Gedanken uns nicht währenddessen noch stärker ablenken könnten. So gibt es Zeiten, in denen man nach der Lektüre einer Zeitung merkt, dass man nicht eine Zeile gelesen hat, weil die ganze Zeit über andere Gedanken gekreist sind. Das klingt fremdbestimmt – und doch sind es unsere *eigenen* Gedanken, die wir selbst einmal erzeugt haben. Und so, wie Kinder gezeugt werden und dann da sind – und mal sind sie einfach nur großartig, mal nerven sie ungemein, mal irritieren sie, machen Sorgen, dann wieder sind sie das größtmögliche Glück – so bleiben uns auch unsere Gedanken treu erhalten.

Anderes gilt für die Gedanken, die uns andere Menschen gemacht haben. Da gibt es ungeschriebene Gesetze und Regeln, Zeitschriftenartikel, Blogeinträge oder die Einschätzungen der Familie, Ratschläge von Freunden, Hinweise durch Lehrer. Dies alles sind Gedanken, die sich andere über die Welt oder auch über uns gemacht haben. Nachdem wir sie bedacht haben, können wir selbst entscheiden, ob wir sie zu eigenen Gedanken machen, sie modifizieren und dann übernehmen oder aber besser gleich wieder zurückschicken.

Und selbstverständlich sind auch jene Gedanken, die wir uns selbst gemacht haben, änderbar: Sie wachsen mit uns mit, ändern ihre Farbe, werden stärker, entfernen sich oder schließen sich mit anderen Gedanken zusammen.

Für unsere Gedanken jedenfalls sind wir tatsächlich selbst verantwortlich. Das sollte nicht zu Selbstvorwürfen führen. Wer sich durch seine Gedanken quält, der tut dies nicht, weil er sich so gerne quält, sondern weil er sich den eigenen Gedanken ausgeliefert fühlt, so, wie wir uns manchmal einem Menschen ausgeliefert fühlen. Hinweise wie „denk doch einfach nicht dran!" oder „denk doch einfach positiv!" sind da wenig hilfreich.

Es gibt viele wirksame Methoden wie beispielsweise Meditation, MBSR (achtsamkeitsbasierte Stressreduktion) oder die unten beschriebene Gestaltgebung, mit denen es gelingt, die eigenen Gedanken „unter Kontrolle" zu bekommen. Bei allen Methoden geht es darum, sich der eigenen Gedanken bewusst zu werden, sie anzunehmen – und dann eine Möglichkeit zu finden, mit ihnen in größtmöglicher Ruhe weiter zu leben.

Einladung zum nächsten Schritt

Da Sie ständig von Ihren eigenen Gedanken umgeben sind, können Sie die folgenden Übungen spielerisch in Ihren Alltag einbauen. Achten Sie darauf, welche Übung für Sie hilfreich ist, und arbeiten Sie damit weiter.

Nehmen Sie den ersten Gedanken, der Ihnen durch den Kopf geht und halten ihn fest. Anfangs kann es hilfreich sein, den Gedanken wörtlich aufzuschreiben:

_____

Woher stammt dieser Gedanke:

- ☐ den habe ich mir selbst gemacht
- ☐ ehemals ein fremder Gedanke, den ich geändert und mir zu Eigen gemacht habe
- ☐ eher aus externen Medien (Zeitung, Fernsehen, Internet,...)
- ☐ aus ungeschriebenen Regeln oder Gesetzen

Wie empfinden Sie den Gedanken?

1 = äußerst unangenehm   ...   10 = sehr angenehm

1	2	3	4	5	6	7	8	9	10

Von 6 an aufwärts: Dieser Gedanke scheint Ihnen gut zu tun – behalten Sie ihn! Und finden Sie für die folgende Übung einen etwas unangenehmeren Gedanken.

Wenn es nicht Ihr eigener Gedanke ist und Sie ihn nicht mögen, geben Sie ihn zurück. Dafür gibt es viele Möglichkeiten, zum Beispiel:
- den Gedanken auf Butterbrotpapier schreiben und das Papier anzünden, so dass der Gedanke sich ‚in Luft auflöst'.
- zum Gedanken laut oder leise sagen ‚Du gehörst doch gar nicht zu mir!'
- einen symbolischen Gegenstand für den Gedanken nehmen (zum Beispiel einen Stein) und ihn irgendwo liegenlassen

A) Das Bild verändern
Nehmen Sie noch einmal Ihren Gedanken wahr. Welches Bild haben Sie dazu (oft ist das eine konkrete Situation oder ein Gegenstand, manchmal kann es auch ein Wort oder Satz sein)?

_____

Verändern Sie dieses Bild, indem Sie zum Beispiel
- es dunkler oder heller machen
- schwarzweiß oder bunt wahrnehmen
- es weiter von sich weg oder näher an sich heran holen
- die Konturen weicher oder schärfer zeichnen
- angenehme Hintergrundmusik hinzufügen

Was passiert, wenn Sie auf diese Weise an Ihren Gedanken denken?

☐ er wird leichter
☐ er ist etwa genauso schwer wie zuvor
☐ er ist schwerer als zuvor

B) Den Klang verändern
Formulieren Sie den Gedanken bewusst. Wenn Ihnen also ein Wirrwarr von Satzfetzen durch den Kopf geht, machen Sie daraus einen Satz, der Ihren momentanen Gedanken darstellt:

_____

Hören Sie diesen Satz innerlich und verändern Sie ihn, indem Sie zum Beispiel
- das Tempo erhöhen (wie eine Micky Mouse-Stimme) oder verlangsamen (als würde es leiern)
- die Stimme höher oder tiefer klingen lassen
- den Tonfall sachlicher oder gefühlvoller machen
- Hintergrundgeräusche oder -klänge einfügen
- den Sprecher ändern (Männer-, Frauen- oder Kinderstimme)

Was passiert, wenn Sie sich auf diese Weise an Ihren Gedanken denken?

☐ er wird leichter
☐ er ist etwa genauso schwer wie zuvor
☐ er ist schwerer als zuvor

C) Den Gedanken ersetzen
Vereinbaren Sie mit dem unangenehmen Gedanken einen Zeitpunkt, an dem Sie sich ihm besser widmen können, zum Beispiel „ morgen von 16:00 bis 16:30"

Finden Sie einen Gedanken oder eine Erinnerung, die Ihnen gut tun.

Wenn der unangenehme Gedanke Sie nun anstrengt, sagen Sie ihm freundlich aber bestimmt, dass er gerade nicht dran ist und verweisen Sie auf den vereinbarten Termin. Wenden Sie sich nun bewusst dem angenehmen Gedanken oder der Erinnerung zu. Bleiben Sie konsequent und ersetzen den alten immer wieder durch den neuen Gedanken.

Was passiert, wenn Sie auf diese Weise mit ihrem Gedanken umgehen?

☐ er wird leichter
☐ er ist etwa genauso schwer wie zuvor
☐ er ist schwerer als zuvor

Schatten der Vergangenheit 6

> **Auftakt**
>
> Die unangenehmen Erfahrungen des eigenen Lebens kleben an einem und erschweren Denken, Fühlen und Handeln. Wie erleichternd wäre es, jemand zu sein, der all diese Erfahrungen nicht gemacht hat… Vieles, was einem auf der Seele liegt, macht einen gleichzeitig zu einem ganz besonderen Menschen. Dennoch kann man unangenehme Erfahrungen auch ‚zu den Akten legen' und sich so verhalten, als hätte man sie nie gemacht.

Mit leichtem Gepäck

„Ich packe in meinen Koffer…" begann ein Kinderspiel. Bei Auto- oder Zugfahrten zum Zeitvertreib, bei Kindergeburtstagen zum Vergnügen.

Nach und nach entstand eine lange Wortkette (Schlafanzug, Zahnbürste, Buch, Proviant, Handtuch, …) und lautes Geschrei, wenn man etwas aufzuzählen vergessen hatte. Noch mehr Spaß machte es, den Koffer für den echten Urlaub packen – obwohl die Eltern ganz andere Dinge für wichtig hielten als man selbst, denn wer brauchte schon warme Socken und wie konnte man auf die zweite Puppe verzichten? Hauptsache aber, man hatte seinen eigenen Koffer, den man dann stolz über den Bahnhof schleppte.

Unser Leben schleppt eher einen Rucksack – der ist praktischer und besser für den Rücken, denn im Laufe der Jahre kommt einiges zusammen. Erste Kindheitsängste, Sitzenbleiben oder der Umzug in eine fremde Stadt. Das braucht man gar nicht auswendig zu lernen, das behält man sowieso. Der Verlust eines geliebten Menschen, berufliches Scheitern oder körperliches Gebrechen. Wie Ziegelsteine im Gepäck. Mit etwas Glück hat man einen guten Wanderrucksack mit gepufferten Tragegurten, Luftpolstern und wetterfestem Material. Andere haben es schwerer, denen bollert das Gewicht bei jedem Schritt gegen den Rücken. Die Erfahreneren legen ihren Proviant obenauf und haben immer ein Pflaster griffbereit. Wenn der Weg gut ausgebaut ist und durch schöne Landschaft oder spannende Städte führt, vergisst man das Gewicht der Vergangenheit für einige Zeit. An den Raststätten wiederum sitzen müde Wanderer und starren verwundert auf all die schweren Dinge, die sie weit unten in ihrem Rucksack finden und auf die zerbrechlichen Erinnerungen,

die darunter noch heile geblieben sind. Manch einer packt dann eine alte Last aus, legt sie verschämt an eine Sammelstelle für Nicht-mehr-Gebrauchtes und geht beschwingten Schrittes weiter.

Doch manchmal wird dem Leben all das Erlebte so schwer, dass man meint, keinen Schritt mehr gehen zu können. Und dann? Stehen lassen und hoffen, dass jemand den Rucksack zum Fundbüro bringt? Wegschmeißen, mit all den Erinnerungen? Besser ihn in einem Schließfach aufbewahren. Rucksack rein, Geld einwerfen und den Schlüssel sicher verwahren. Und dann aufrecht hinaus ins Freie, vielleicht lockt eine unbekannte Stadt, und die Unternehmungslust tänzelt bereits voraus. In der Umhängetasche ist nur jener Ballast, den man gerade braucht, während die bitteren Zeiten gut aufbewahrt zurück blieben.

* * *

„Ich wäre nicht geworden, was ich bin, wär es nicht gewesen, wie es war" – so lautet eine Textzeile der Rapperin Cora E. Das, was wir sind, ist das Ergebnis aus allem, was wir bisher an Erfahrungen gemacht haben. Das ist eine beeindruckende Vorstellung und macht jeden Menschen zu einem einzigartigen Individuum. Gleichzeitig ist diese Vorstellung aber auch beängstigend, weil da etwas Schicksalhaftes mitschwingt: Das Gefühl von „Ich kann ja nicht aus meiner Haut!".

Wir können uns kaum dagegen wehren: jedes Gespräch, jedes Bild, jede Musik wird in uns gespeichert. Was für Datenmengen... Vieles ist sehr präsent, anderes ist im Unbewussten abgelegt worden. Einiges scheint eher unerheblich zu sein, anderes prägt uns in dem, was wir tun, fühlen, denken. Unangenehme und schmerzhafte Erlebnisse wirken oft, als würden sie unser Leben eindunkeln wie jemand, der schwarze Tusche auf ein buntes Bild schüttet. In Situationen, in denen andere Menschen geduldig, gelassen oder gut gelaunt sind, geht man schweren Schrittes mit der Last der (oft unbewussten) Erinnerungen seinen Weg und würde am liebsten das, was einem da so zu schaffen macht, aus der Biographie löschen. Angenehme Erfahrungen hingegen unterstützen uns – meist ohne, dass wir es merken. Demjenigen, der als Kind oft Anerkennung und Geborgenheit erfahren hat, ist es oft auch in schweren Zeiten möglich, Kraft und Zuversicht zu schöpfen: Es gibt beeindruckende Geschichten über Menschen, die schlimmes Leid haben überstehen können und dies (auch) auf ihre bisherigen positiven Lebenserfahrungen zurückgeführt haben.

Nun wäre es auf den ersten Blick das Einfachste, wenn man die unangenehmen Erfahrungen löschen könnte. Gleichzeitig sind es eben auch diese Erfahrungen, die uns gestaltet haben – und oft sind aus den negativen Erfahrungen (auch) positive Ergebnisse entstanden. Einer Beziehung, die schmerzhaft beendet wurde, folgte nach längerer Zeit eine gesunde Partnerschaft. Die Kindheit mit einem kranken Elternteil hat dazu geführt, dass man als Erwachsener klare Grenzen setzen kann. Aus den meisten Krisen entsteht etwas Neues. Also die unangenehmen Erinnerungen doch behalten? Es gibt viele therapeutische Ansätze zu dieser Frage[1].

Mal angenommen, es sei weder möglich noch wünschenswert, die unangenehmen Erfahrungen zu löschen – so ist es doch besser, wenn sie nicht ständig auf uns einwirken. Stattdessen wäre es hilfreich, die Erinnerungen (und damit auch die Auswirkungen, die sie auf uns haben) bei Bedarf vorübergehend außer Kraft zu setzen. Wie wäre es, die Situation X zu erleben – ohne jene Erfahrung Y vor Jahren gemacht zu haben? Wie würde ich Menschen begegnen, wenn ich nicht die Erfahrung Z gemacht hätte? Es ist ein wenig, als versetzten wir uns in die Lage eines anderen Menschen – und tun so, als hätten wir dessen (positive) Erfahrungen gemacht. Das scheint, als würde man schauspielern. Und doch erleben wir in diesem Moment tatsächlich, wie es sich anfühlt, anders zu sein. Mit diesem Experiment wird es möglich, bei Bedarf vorübergehend der zu sein, der man ohne die schmerzhaften Erfahrungen auch hätte werden können – und gleichzeitig all das, was das eigene Leben ausmacht, zu behalten.

Einladung zum nächsten Schritt

Welche positiven Erfahrungen aus der Vergangenheit (eine Auswahl von der Kindheit bis heute) prägen mich – und was sind davon alltägliche positive Auswirkungen?

Hinweis: Bitte lassen Sie Ihre Gedanken so lange wandern, bis Sie drei Beispiele gefunden haben.

Beispiel:

Meine Eltern haben mir im Urlaub schon als Kind immer mal die „Führung" anvertraut	*Ich hab kann ohne Weiteres alleine Urlaub machen!*
_____	_____
_____	_____
_____	_____

---

[1] Zwei empfehlenswerte Bücher diesem Thema sind:
Ben Furmann: Es ist nie zu spät, eine glückliche Kindheit zu haben. Dortmund, 2008.
Bob G. Bodenhamer u.a.: Time-Line in Aktion. Paderborn, 2000.

Welche unangenehmen Erfahrungen aus der Vergangenheit (eine Auswahl von der Kindheit bis heute) prägen mich – und was sind immer wieder kehrende unangenehme Auswirkungen?

Beispiel: ich war in der Grundschule Außenseiter

Heute habe ich Angst vor neuen Gruppen

_____ _____

_____ _____

_____ _____

Denken Sie an eine Situation, in der Sie sich immer wieder durch ein unangenehmes Erlebnis aus der Vergangenheit stark eingeschränkt fühlen:

_____

Nehmen Sie sich nun etwas Zeit und malen Sie sich aus, wie jemand diese Situation erlebt, der andere hilfreichere Erfahrungen gemacht hat.

Welche Erfahrungen hat so jemand gemacht?

_____

Was nimmt er in dieser Situation wahr?

_____

Was fühlt und denkt er?

_____

Wie sieht er dabei aus (Körperhaltung, Mimik)

_____

Stellen Sie sich nun wie in einem Film vor, wie *Sie* diese Rolle übernehmen. Spielen Sie eine kleine Filmsequenz vor Ihrem inneren Auge ab, und verändern Sie die Szenerie so lange, bis die Szene für Sie angenehm ist. Sie können auch Hintergrundmusik, Helligkeit und andere Details hinzufügen und verändern.
Spielen Sie sich diese Szene häufig vor Ihrem inneren Auge vor – insbesondere, wenn die bisher unangenehme Situation bevorsteht. Sie bieten damit Ihrem Gehirn eine „alternative Verhaltensweise", die es, je öfter gesehen, desto leichter im Alltag ausführen wird.
Sie selbst entscheiden, ob und wann Sie vorübergehend (und sei es nur für einen Moment oder einen Abend) in diese „Rolle" schlüpfen und so tun, als seien Sie in der entsprechenden Situation völlig unbeschwert.

Vergessene Kindheitswünsche

> **Auftakt**
>
> Es gibt Kindheitsträume, die sich bis ins Erwachsenenalter halten. Aus rationalen Gründen nimmt man sich jedoch oft nicht die Zeit, diesen alten, aber immer noch aktuellen Leidenschaften eine zweite Chance zu geben und wird stattdessen wehmütig. Wer sich an seine frühen Träume erinnert und herausfindet, woran er immer noch hängt, der kann es unter aktualisierten Bedingungen (noch einmal) versuchen.

Kellerkinder

In dunklen Kellern lagern sie, die wildgemalten Bilder, verblichenen Weltkarten, die schwindsüchtigen Drachen, ausgetretenen Fußballschuhe und glitzernden Prinzessinnenkleidchen.

Wenn man vor einem solchen Keller stehen bleibt und an der Tür horcht, ist es so beunruhigend still wie in einem Kinderzimmer ohne Gelächter. Verstört starren sie vor sich auf den grauen Boden, die Träume und bunten Stunden einer Anfangszeit ohne Plan und Absicht, und verstehen bis heute nicht, was mit ihnen geschah.

Eines Abends ertrug das Cello die Stille nicht mehr und begann zu brummen. „Ich habe mein Mädchen kennen gelernt, da war sie schon dreizehn. Wir wussten beide, dass das eher spät war, aber ich hab mich darüber gefreut, denn in diesem Alter meinte sie wirklich mich, meinen Klang, die Melancholie." Das Cello lehnte sich zurück an die Wand und horchte in sich hinein. „Und wirklich: als sie anfing, merkte ich, wie sie nach den langsamen Melodien suchte. Sie lernte wie alle anderen Schüler, die Finger aufzusetzen und den Bogen zu halten. Aber etwas war anders. Sie hatte Sehnsucht, und das rührte mich." Und wieder unterbrach es sich, zupfte an einer Saite und blickte auf den Karton, der vor ihm stand.

„Aber sie verriet niemandem etwas von ihrer Sehnsucht. Also lernte sie, was alle lernten. Viele Noten, schnelle Tempi, komplizierte Stücke. Ich sah ihr Gesicht immer angespannter werden und ich hörte an mir selbst, wie sie immer unzufriedener wurde. Nach ein paar Jahren trafen wir uns immer seltener. Sie suchte dann und wann noch nach der

Melodie. Fand sie nicht. Und dann…", das Cello klopfte gedankenverloren auf sein dunkles Holz. „Hier stehe ich also."

Und nun begannen sie alle durcheinander zu reden. Von durchtanzten Nächten, von Turnieren, zarten Händen und dem Klang der Begeisterung. Und je länger sie erzählten, desto realistischer wurde all das, was in der Vergangenheit als sichere Zukunft galt, und spät nach Mitternacht stießen sie mit einem Sekt, der seit Jahren schon im Regal lagerte und kaum noch an seinen großen Moment geglaubt hatte, auf das an, was hätte sein können. „Ich will ja gar nicht mehr die große Show!", gestand ein Ballettschuh. „Bloß nicht", winkte ein Kasten mit Theaterschminke ab, „Nur keinen Stress. Aber trotzdem: wie bringen wir sie dazu, uns wieder zu sich nach oben zu holen?"

„Man müsste das Vorhängeschloss sprengen", sinnierte ein Chemiebaukasten. „Oder Funkkontakt mit ihnen herstellen", lallte eine Star-Trek-Figur. „Sie können uns doch nicht vergessen haben!", riefen einige Kindheitsträume und hämmerten an die Tür. Und dann begann das Cello zu spielen. Eine leise Melodie, unkomponiert und ohne Absicht. Ein alter Traum, der verschreckt aufgewacht war, schniefte leise in ein vergilbtes Taschentuch und dann verstummten sie alle und warteten auf das Knarren der Kellertür.

* * *

Als Kind hat man Träume und große Pläne. Manchmal entsteht aus solchen Ideen ein Hobby. Schauspieler, Fußballer, Künstlerin – man geht also in die Theater-AG, auf den Bolzplatz oder besucht einen Malkurs. Manchmal hat man dann einige Zeit großen Spaß an der Sache und eines Tages verliert sich das Interesse oder ein neues Hobby rückt nach. In anderen Fällen hat man das große Glück, dass Tempo, Anspruch und eigenes Können so gut zusammen passen, dass das schon früh erwählte Hobby ein Leben lang bleibt oder sogar zum Beruf wird.

Und dann gibt es die Fälle, in denen das, was man sich als Kind erträumt hatte, scheinbar erlischt. Man kommt mit dem Auswendiglernen nicht hinterher und verlässt enttäuscht die Theater-AG, verknackst sich den Knöchel und ist raus aus der laufenden Turniersaison, oder der Kunstlehrer macht eine abwertende Bemerkung über ein Bild. Auch das Gegenteil kann zum Verschwinden des Traumes führen: Lehrer oder Eltern sind so begeistert von dem Talent, dass sie mit viel Ehrgeiz und Druck dafür sorgen, dass das Kind Fortschritte macht – und auf einmal wird das Hobby quälend, entwickelt Versagensängste und verliert an Leichtigkeit. Schließlich verschwindet es – aus Schutz vor der Enttäuschung oder aus Angst zu versagen. Der Traum, der dahinter steckt, überlebt aber oft. Denn diese frühen und späten Träume (auch im Erwachsenenalter wachsen und verschwinden Ideen und Pläne) haben einen tieferen Ursprung. Wer vom Schauspielern träumte, der wünschte sich vielleicht das große Rampenlicht und der Fußballer vergisst bis ins hohe Alter nicht die Begeisterung, wenn eine Flanke gut ankommt und der Ball im Tor landet. Wir begraben, indem wir uns von den Träumen abwenden, nicht nur das „gefährdende" Hobby sondern auch die Sehnsüchte, die dahinter stehen.

Es bietet sich an, eines Tages zu überlegen „Was habe ich mir als Kind erträumt? Welchen Beruf wollte ich unbedingt erlernen? Was habe ich mir einmal dringend zu Weihnachten gewünscht?" und dann nachzuspüren, was davon erhalten blieb. Jene Erinnerungen, bei denen man traurig oder wehmütig wird, könnte man aus dem Keller hervor holen. Als erwachsener Mensch mögen die Luftschlösser etwas kleiner geworden sein. Eine Schauspieler- oder Fußballerkarriere ist unrealistisch und in den Louvre schafft man es vermutlich auch nicht mehr. Bevor man sich seinem neuen alten Hobby zuwendet, kann es also ratsam sein, die ursprüngliche Vision zu verändern, um erneute Enttäuschungen oder Druck zu vermeiden. Das alte Vergnügen an fremden Rollen, einer gelungenen Flanke oder einer grandiosen Farbkombination wird dann auch im gegenwärtigen Leben einen guten Platz finden.

Einladung zum nächsten Schritt

Was kommt Ihnen sofort in den Sinn, was Sie als Kind gemacht oder was Sie sich erträumt haben – und was verloren gegangen scheint?

_____

_____

Wenn Sie daran denken, welche Gefühl macht sich dann am deutlichsten bemerkbar.
Beispiel: ich werde sehnsüchtig / traurig / wütend...

_____

_____

Mal angenommen, Sie würden diese Tätigkeit (oder was immer es ist) ab morgen in Ihrem Leben haben: was würde sich verändern?

_____

_____

Was wäre der erste kleine Schritt, um das Vergessene in Ihr gegenwärtiges Leben zu holen?

Beispiel:

„Ich wollte immer Schauspieler werden" → *„Ich gucke mal im Internet, ob es in meiner Stadt Laienspielgruppen gibt."*

„Ich träume von einer großen Reise" → *Ich rechne nach, wie viel Geld das ungefähr kosten würde".*

_____

_____

Wann werden Sie diesen ersten Schritt tun (und ob Sie den Plan dann wirklich umsetzen, ist damit ja noch nicht entschieden):

_____

Pläne und Geduld

8

> **Auftakt**
>
> Wie zermürbend ist es, wenn man einen Plan hat und alles dafür getan hat – organisatorisch, spirituell, praktisch – und dann passiert nichts. Während des Wartens konzentriert man sich nur noch auf die Frage, wieso das Erwartete nicht eintritt und ob überhaupt. Wenn man alles getan hat, was in der eigenen Macht liegt, dann kann man sich getrost anderen Dingen zuwenden, denn durch Ungeduld lässt sich das Geschehen nicht beeinflussen.

Im Fahrtwind

Es gibt ihn noch den Winter, mit Schnee und glatten Straßen. Da ist es ratsam, wieder mal die öffentlichen Verkehrsmittel zu nutzen.

Ich stehe an der Bushaltestelle, zusammen mit anderen frierenden Menschen, und wir recken wie Sonnenblumen den Kopf in die gleiche Richtung, ob denn der Bus bald käme. Die vorgesehene Abfahrtzeit verstreicht, kein Bus ist in Sicht.

In einer Seitenstraße veranstalten vielleicht gerade Kühe eine Parade und die Bäckerei rechts um die Ecke verschenkt Streuselkuchen, aber davon bekommen wir nichts mit, weil sich alles darauf konzentriert, in die Richtung zu starren, aus der der Bus erwartet wird. Die hohe Wahrscheinlichkeit, dass er kommt, beruhigt uns in keiner Weise, denn so lange er nicht zu sehen ist, existiert er nicht, auch, wenn er nur einen halben Kilometer entfernt bereits um die letzte Kurve biegt.

Meine Gedanken beginnen zu wandern. Wie es war, als ich einmal auf dem Bahnsteig erkannte: „Der Zug ist schon weg!" Chance verpasst, das war's dann wohl. Das leere Gleis, von hinten sah ich nur noch die Schlusslichter, der Koffer hing schwer an meinem Arm. Vor Wut und Verzweiflung kamen mir fast die Tränen, als wär's der letzte Zug gewesen. Auf der Abfahrtstafel, ich wusste es nur nicht, wimmelte es von Folgezügen. Zwar mit etwas Verspätung, aber dafür vielleicht auch mit Fensterplatz und dann hätte das Leben mich einfach mal in Ruhe gelassen und sich im Fahrtwind warme Luft zugefächelt.

Gibt es eigentlich irgendwo für das eigene Leben auch so einen Fahrplan? Mit Abfahrts- und Ankunftszeiten, mit Hinweisen auf erste und zweite Klasse, mit Anschlusszeiten für verpasste Chancen. Dann wäre ich immer schon rechtzeitig am Bahnsteig, könnte mir noch

in Ruhe die anderen Reisenden anschauen, und wüsste, wenn der Zug noch nicht mal angezeigt ist, dann lese ich doch einfach noch die Zeitung. Stattdessen kommt hier nicht einmal der Bus.

„Mama, wann kommt der endlich?", quengelt das Mädchen neben mir und haucht seinen Atem in die Luft. „Wenn er halt kommt!", antwortet diese und wie ein kleines Äffchen springt mich jene rheinländische Weisheit an: „Et kütt wie et kütt." Nicht gerade Kant. Aber wahr.

* * *

Vieles im Leben ist planbar. Und gibt es noch viel mehr, was wir nicht planen können. Wann der Lebenspartner uns begegnet oder wodurch uns klar wird, was wir beruflich machen möchten: viele wichtige Entwicklungen können wir zwar in die Wege leiten, aber es liegt selten in unserer Hand, wann sie stattfinden. Gleichzeitig entwickeln Menschen Pläne oder Perspektiven für ihre Zukunft und oft tun sie auch Vieles, damit es gelingt. Jemand, der sich eine neue Partnerschaft wünscht, bearbeitet vielleicht noch einmal vergangene Beziehungen, um frühere Fehler in Zukunft zu vermeiden. Jemand, der eine berufliche Veränderung wünscht, liest entsprechende Literatur und besucht Seminare. Und trotzdem, obwohl die Bedingungen stimmen und jetzt nur noch der Funke überspringen müsste... passiert oft erst einmal gar nichts. Manch einer wird dann nervös und fragt sich, ob er noch mehr an sich oder seiner Zukunftsplanung arbeiten müsste oder ob der gewählte Weg vielleicht falsch ist.

Das Anstrengende ist das Warten. Wenn nichts mehr wirklich zu tun ist, aber das Ersehnte noch nicht kommt, stellt sich Ungeduld ein, manchmal auch ein Gefühl von Wut oder Ohnmacht. Eine Episode, in der man also eigentlich in Ruhe dem Alltag nachgehen oder sich mit anderen Dingen beschäftigen könnte, verbringt man vor allem damit, darauf zu lauern, wann das Geplante denn nun endlich eintritt. Meistens kommt „es" eines Tages und im Rückblick lässt sich auch klar erkennen, dass die Vorarbeiten sehr sinnvoll waren und dass der Zeitpunkt, an dem das Erhoffte eingetreten ist, genau richtig war. Im Nachhinein wird dann vielleicht deutlich, dass es eben doch noch etwas zu klären gab, dass die Möglichkeit für den Berufswechsel sowieso erst jetzt gegeben ist oder der zukünftige Partner noch gar nicht in der Stadt gelebt hatte. Und so wird deutlich, dass, als man bereits ungeduldig gewartet hat, der passende Zeitpunkt noch gar nicht gekommen sein *konnte*.

In vielen Fällen lässt sich das, worauf man wartet, nicht erzwingen – und dennoch sind wir in der Erwartungshaltung, dass es *jetzt* passieren muss, und wenn das nicht geschieht, stellt sich Verzweiflung ein: dann wird das wohl *nie* etwas! Vorbereitungen sind wichtig, und es ist sinnvoll, so viel zu tun, wie in der eigenen Macht steht. Für die Zeit des Wartens jedoch gelten ähnliche Gesetze, wie in alltäglichen Wartesituationen wie zum Beispiel in der Supermarktschlange: Während des Wartens durch Schieben zu versuchen, das Ganze zu beschleunigen, bringt meist wenig. Darauf zu starren, wie langsam oder schnell es voran geht, führt eher zu verspannten Schultern. Die Zeit, die man wartend verbringt, lässt sich mit schöneren Dingen vertreiben. Erst wenn sich herausstellt, dass es wirklich nicht weiter geht, ist ein guter Zeitpunkt, etwas zu unternehmen.

Entscheidend bei der Überlegung „Warten oder aktiv werden?" ist die Frage, ob es sich um etwas (von uns) Planbares handelt oder nicht. Wenn wir getan haben, was zu diesem Zeitpunkt in unserer Macht stand und mehr *nicht* planen können – dann können wir uns zurücklehnen und uns auf das freuen, was eines Tages kommen wird.

Einladung zum nächsten Schritt

Bei welchem Projekt oder Wunsch frage ich mich, warum es denn immer noch nicht eintrifft?

_____

Was habe ich bereits alles getan oder veranlasst, damit es gelingt?

_____

_____

_____

Was könnte ich, wenn ich ehrlich bin, noch tun?

_____

_____

_____

Was davon kann ich direkt oder in naher Zeit angehen?

_____

Ganz konkret: was genau mache in nächster Zeit?

_____

Mal angenommen, ich habe alles getan, was zu tun ist – und kann jetzt „nur noch" abwarten. Womit verbringe ich dann die Wartezeit so, dass sie mir Spaß macht?

_____

_____

Die Erwartungen der Eltern

9

Auftakt

Die Anerkennung der Eltern ist für viele Menschen ein immerwährendes Thema. Die ausgesprochenen oder auch vermuteten Erwartungen der Eltern beziehen sich auf den Berufsweg ebenso wie auf private Entwicklungen. Wer diesen Vorgaben unbedingt zu folgen versucht, verbiegt sich möglicherweise ein Leben lang. Es gilt eines Tages, die Elternerwartungen zu überprüfen, zu hinterfragen und schließlich den eigenen Weg zu finden.

My Melody

„Leute, ich sag's euch – das war vielleicht ein schräger Abend!", begann das Lied, das inzwischen in seinem Lieblingsbistro ein Glas Wein bestellt hatte.

„Seit wir uns kennen, hat sie aus mir etwas ganz Besonderes gemacht und ehrlich gesagt, habe ich irgendwann aufgehört darüber nachzudenken, wie ich ursprünglich mal gemeint war."

Am Nebentisch nickte ein Adagio für Klavier zustimmend. „Und heute Abend, was war da?", fragte es neugierig.

„Da saß der Komponist persönlich in der ersten Reihe. Ich hab's erst gar nicht mitbekommen – ist ja schon lange her, dass er mich ausgedacht hat. Aber sie – puuh!"

Der Tango, der in seiner Ecke an dem runden Holztischchen saß und auf die Tänzer wartete, reckte den Hals. „Puuh?"

„Ja: Puuuh. Sie hat ganz merkwürdig geatmet, und die ersten Töne waren total piepsig und... wie soll ich sagen... akademisch."

„Akademisch?", wiederholte der Tango mit seinem eigentümlichen Akzent.

„Na, ich dachte, ich sterbe vor Langeweile! Sie hat nur zum Komponisten gestarrt, sich nicht bewegt, und mich genau so gesungen, wie ich wohl irgendwann mal auf dem Notenpapier gestanden habe!"

Hieraufhin protestierten einige andere Lieder. „Also, zumindest die schriftlichen Vorgaben müssen doch aber übernommen werden!", schimpfte ein Mozart-Lied. „Nix da!", tönte aus der Ecke ein Chanson und winkte nach dem Ober, er möge ihm noch einen Pastis bringen. „Wenn es gut zu einem passt, dann macht man's so, wie sie es wollten. Und wenn es anders besser passt, macht man's halt anders!"

„Also, ich finde, es muss ganz genau so übernommen werden, wie es unser Komponist vorgibt!", stellte ein Duett pikiert fest. „Dann müssten wir ja nur einmal ordentlich aufgenommen werden, und könnten uns direkt wieder zur Ruhe setzen", grätzte ein Evergreen. „Na, ist doch wahr!", brummte das Weihnachtslied und wandte sich wieder seiner Lektüre zu.

„Wir können doch nicht den Rest des Lebens so klingen, wie es der gemeint hat, der uns ausgedacht hat! Wir müssen uns doch entwickeln dürfen!", rief das Lied und man wandte sich ihm wieder zu.

„Wie ist es denn dann ausgegangen?", fragte das Adagio. Das Lied summte leise vor sich hin und lächelte bei der Erinnerung.

„Nach einigen Takten schloss sie kurz die Augen. Und danach hat sie dorthin im Saal geschaut, wo einige Freunde von ihr saßen – und dann klang ich so, wie ich mich kenne!"

„Und der Komponist?" fragte das Duett.

„Der hat zum Schluss mächtig applaudiert."

Da atmete selbst das Chanson erleichtert aus.

* * *

Zwischen Eltern und Kinder sind Erwartungen ein großes und meist unausgesprochenes Thema. Es ist schwer zu sagen, wem dieses Thema mehr zu schaffen macht: Den Eltern, deren Erwartungen nicht erfüllt werden, oft verbunden mit Unverständnis und Sorge. Oder den Kindern, die die Erwartungen nicht erfüllen oder nicht zu erfüllen glauben. Die Erwartungen, die Eltern an ihre Kinder haben, haben sich möglicherweise schon in deren eigener Kindheit entwickelt, dann nämlich, als die ersten Ideen darüber entstanden, wie es sein wird, einmal selbst Kinder zu haben. Auch reichen Eltern ihren Kindern möglicherweise jene Erwartungen weiter, die sie selbst bei den eigenen Eltern nicht oder aber in besonderem Maße erfüllt haben. Zudem sind uns viele dieser Erwartungen gar nicht bewusst, sondern wir nehmen vor allem deren Auswirkungen wahr: Anspannung und Druck auf der einen Seite, Enttäuschung, Trauer oder Wut auf der anderen Seite. Ein schwieriges Thema, das in seiner Komplexität oft schwer lösbar scheint. Versuchen wir also, die Erwartungen zumindest zu erleichtern.

Wir möchten, dass unsere Eltern uns ein Leben lang toll finden und die Eltern wünschen, dass die Kinder sich gut entwickeln. In diesem gegenseitigen Wunsch liegt etwas sehr Rührendes – nämlich die Sehnsucht nach Liebe und Anerkennung. Ein erster Schritt, um diesen Erwartungen leichter zu begegnen, ist, das sich dahinter verbergende elterliche Wohlwollen zu sehen. In einem zweiten Schritt kann es gelingen, dieses Wohlwollen zu wertschätzen und gleichzeitig zu entscheiden, was von den Erwartungen man umzusetzen bereit ist und was nicht. Denn eines haben unsere Eltern vielleicht nicht immer im Blick: in der Zwischenzeit sind sie nicht mehr die Experten für das Leben des Kindes, sondern das Kind ist sein eigener Experte geworden.

Wir sollten uns damit abfinden, dass wir einige Erwartungen nicht erfüllen können. Würden wir das tun (ausgehend davon, dass wir überhaupt wissen, was die Eltern von uns erhoffen), dann gäben wir unser eigenes Lebenskonzept auf. Gleichzeitig können wir uns darauf verlassen, dass wir einen Teil der Erwartungen bereits seit langem erfüllt haben, denn wie viele ‚gelungene' Eigenschaften, Entwicklungen und Verhaltensweisen weisen wir auf! Nie sind es *alle* Erwartungen, die nicht erfüllt werden – und daraus ergibt sich ein gesundes „sowohl als auch": Es gibt sowohl Stellen an dir (dem Kind) die mir (dem Elternteil) weniger gefallen – und es gibt andere Anteile von dir, die ich großartig finde.

Was die Welt der Erwartungen streckenweise so schwer macht, ist die Annahme, dass mit erfüllten Erwartungen auch gleichzeitig die Liebe zusammenhängt. „Wenn ich x nicht mache, ist meine Mutter enttäuscht [und liebt mich nicht mehr]". Auf die Liebe der Eltern aber können wir meist nur schwer verzichten: sie waren es ja, die uns dieses Gefühl erstmals entgegengebracht haben. So kann ein weiterer Schritt sein, um sich in diesem komplexen Thema freier zu fühlen, diese Verknüpfung von (nicht erfüllten) Erwartungen und Liebe zu lösen. Dafür ist es hilfreich, Sätze zu entwickeln wie:

„... *Ich kann meiner Mutter den Wunsch, sie jede Woche zu besuchen, nicht erfüllen und weiß, dass sie davon enttäuscht ist – aber gleichzeitig weiß ich, wie sehr sie sich über unsere wöchentlichen Telefonate freut!"*

„... *mein Vater findet es völlig daneben, dass ich diesen Beruf wähle – aber ich vertraue darauf, dass er es großartig findet, dass ich so viel Sport treibe!"*

Das Einfachste ist es möglicherweise, die vermuteten Erwartungen erst einmal abzufragen, denn wie oft *glauben* wir zu wissen, wie die Eltern uns haben wollen – und vielleicht betrachten sie schon seit Langem unsere neue Entwicklung mit Wohlwollen?

Übrigens: die Erwartungen, die Kinder im Laufe des Lebens an ihre Eltern entwickeln, sind genauso intensiv und komplex wie anders herum. Wenn man beides auf zwei Waagschalen legte, entstünde möglicherweise eine überraschende Balance.

Einladung zum nächsten Schritt

Hinweis: Diese Übungen können Sie auch machen, wenn Ihre Eltern / ein Elternteil bereits gestorben ist.

Nehmen Sie sich ein großes Blatt Papier (am besten Din-A-3) und schreiben Sie drauf los – als Liste, Mind-Map, Durcheinander – zu der Frage:
„Welche Erwartungen gibt es aus meiner Sicht von meiner Familie an mich?"
Kennzeichnen Sie jeweils, wer die Erwartung an wen stellt, z.B. „P an I" für „Papa an mich".

Stellen Sie sich anschließend mit etwas Abstand vor Ihre Übersicht.
Welche Erwartungen lösen ein besonders unangenehmes und welche ein eher neutrales Gefühl bei Ihnen aus?

_____

_____

Wenden Sie sich insbesondere den Erwartungen mit neutralem Gefühl zu. Was ändert sich in Bezug auf die unangenehmen Erwartungen, wenn Sie dieses Gefühl von Neutralität darauf übertragen?

Falls die unangenehmen Erwartungen dadurch leichter werden, verstärken Sie in Situationen, in denen Sie diese unangenehme Erwartung belastet, das neutrale Gefühl.

Von welchen der an Sie gestellten Erwartungen vermuten Sie nur, dass es sie gibt, ohne dass dies je ausgesprochen wurde?

_____

_____

Mal angenommen, es stellte sich heraus, dass es diese Erwartung in dieser Form gar nicht gibt: was würde sich für Sie ändern?

_____

_____

Wenn eine deutliche Änderung eintritt, tun Sie immer mal wieder so, als ob es die Erwartung nicht gäbe und spüren Sie die zeitweilige Erleichterung.

Benennen Sie eine (vermutete oder abgesicherte) Erwartung eines ihrer Elternteile.
Beispiel: „Ich ziehe mich nicht so schick an, wie meine Mutter das von mir erwartet"

_____

Schreiben Sie einen Satz, der verdeutlicht, was das Elternteil weiterhin an Ihnen schätzt.
Beispiel: Meine Mutter hat großen Spaß, wenn wir zusammen ins Theater gehen.

_____

Verbinden Sie diese beiden Teile zu einem „Obwohl-Satz".
Beispiel: Obwohl meine Mutter findet, dass ich mich nicht schick genug anziehe, hat sie großen Spaß daran, mit mir ins Theater zu gehen!

_____

Wenn so für Sie spürbar wird, dass Ihr Elternteil Sie „trotzdem" liebt, wenden Sie diese Obwohl-Verknüpfung häufiger an.

Vergegenwärtigen Sie sich eine vermutliche oder abgesicherte Erwartung ihrer Eltern, die Sie nicht erfüllen / nicht zu erfüllen meinen.
Beispiel: Mein Vater hätte es besser gefunden, wenn ich Lehrerin geworden wäre.

_____

Schreiben Sie nun auf, was Sie stattdessen getan haben.
Beispiel: ich bin Goldschmiedin geworden.

_____

Machen Sie sich bewusst, was Sie dazu bewogen hat, diese Entscheidung zu fällen. Was war für Sie das Gute daran? Welche Gründe gab es vielleicht? Wie hat sich diese Entscheidung ausgewirkt?
Beispiel: Ich konnte nach der Schule endlich praktisch arbeiten – das Studium hätte mich total gelähmt. Wir hatten so viele Lehrer im Bekanntenkreis, die oft unzufrieden und überlastet sind – den Beruf wollte ich nicht lernen! Ich habe zwar keinen sicheren Beruf, aber ich gehe fast jeden Tag fröhlich und motiviert zur Arbeit!

_____

_____

_____

Hoffnung

10

Auftakt

Hoffnung birgt die Gefahr, enttäuscht zu werden. Trotzdem brauchen wir sie, um Veränderungen zu wagen – im Privaten wie im Beruflichen. Mit rationalen Überlegungen ist dem eigenen Handeln in solchen Zeiten oft nicht geholfen. Wer hingegen hofft, erlebt die Zeit des Ausprobierens als positiv. Wenn es doch misslingt, bleibt immer noch Gelegenheit, sich damit auseinanderzusetzen.

Der Wombat

Jedes Gefühl durchläuft eine Grundausbildung, bevor es sich eines Tages entscheidet, was es werden will. Die meisten wählen dann ‚Freude' oder ‚Angst', denn da haben sie zwar regelmäßig zu tun, dafür aber jeweils nur für kurze Zeit. Es sind die Außenseiter mit dicken Beinen oder Leseschwäche, die sich melden, wenn es darum geht, zur Hoffnung zu werden.

„So eine Arbeitsphase kann sehr lange dauern", berichten die alten Hoffnungen in den Berufsinformationsveranstaltungen, „und es ist gut möglich, dass man am Ende erfährt, dass alles umsonst war."

Und tatsächlich taumeln erschöpft unzählige Hoffnungen, die sich nicht erfüllt haben, durch die Welt. Wochen-, ja, vielleicht jahrelang haben sie alles gegeben, haben sich immer wieder gestärkt und dann, von einem Tag auf den anderen: Keine Chance!

Daher gibt es für jene Gefühle, die das Wagnis eingingen, zur Hoffnung zu werden, ein Recht auf Sonderurlaub. Nach einer Enttäuschung kommen sie ins Erholungsheim, wo sie mit Leidensgenossen plaudern, sich ausschlafen und barfuß am Strand entlang laufen können. Sie werden so lange gepäppelt, bis sie jenen Lebensgeist wieder spüren, durch den ihnen alle Vernunft und alle Vorhersehbarkeit so schnurz sind, dass sie sich erneut übermutig auf unsere Herzen stürzen. Meist beginnen sie vorerst teilzeitbeschäftigt als kleine Momente der Hoffnung, sei es beim Schälen der Banane („Hoffentlich keine braune Stelle"), im Supermarkt („Diesmal stehe ich bestimmt an der richtigen Schlange") oder im Zoo („Aber heute ist der Wombat draußen, oder?").

Der Wombat allerdings gilt als echte Herausforderung selbst für erfahrene Hoffnungen. Bei jedem Zoobesuch gehen sie als erstes zu dessen Gehege, schauen auf das leere Loch und stellen sich vor, wie es wäre, wenn er jetzt heraus gewatschelt käme. Ein tüchtiger Geschäftsmann hatte einst für Hoffnungen einen Shuffle nach Australien angeboten – das Angebot floppte. Wenn man schon wisse, so erklärten ihm die Hoffnungen, dass man die Wombats einfach so in freier Natur sehen würde, sei das zwar eine reizvolle Vorstellung, habe aber mit Hoffnung nichts zu tun.

Die Gefühle, die einst zusammen in die Berufsschule gingen, treffen sich regelmäßig wieder. „Und, was machst Du jetzt so?", fragen sie sich dann bei den Ehemaligentreffen. „Ich ackere immer noch jeden Tag", antworten die Hoffnungen. „Oh je", erwidern die großen Gefühle und lehnen sich an ihren Benz. „Kannst du denn wenigstens bald Frührente beantragen? „Ich hoffe, ich darf bis zum Ende bleiben!" lachen daraufhin die Hoffnungen und lassen den Blick schweifen nach einem weiteren Glas Sekt.

* * *

Hoffnung ist „[…] Optimismus in Bezug auf das, was die Zukunft bringen wird"[1] und das Vertrauen in eine gute Entwicklung, selbst, wenn diese eher unwahrscheinlich scheint. Mit der Hoffnung geht einher, dass sie enttäuscht werden kann. Diese „Fifty-Fifty-Situation" führt bei einigen Menschen dazu, dass sie vorsichtshalber versuchen, gar nicht erst zu hoffen – denn sie könnten, falls das Gehoffte nicht eintritt, enttäuscht werden. Andere vertrauen darauf, dass es schon klappen wird. Die Zeit bis zu Erfüllung beziehungsweise Enttäuschung gestaltet sich je nachdem, ob man hofft oder zweifelt, unterschiedlich. Derjenige, der vom schlechten Ende ausgeht, ist schon vorher betrübt und stellt sich bereits vor, wie Trauer und Enttäuschung sich anfühlen. Wer hofft, ahnt, wie es sich anfühlt, wenn das Gewünschte eintrifft. Er macht Pläne und geht pfeifend durch die Straßen. Das klingt gut, oder?

Was aber, wenn die Hoffnung betrübt wird und das Gefürchtete eintritt? Dann geht es beiden schlecht: dem Hoffenden wie dem Hoffnungslosen, denn die Enttäuschung wird kaum schwächer, wenn man sie vorher ahnte. Und wenn es gut ausgeht? Dann ist die Freude bei beiden gleich groß, denn auch der Hoffende ist erleichtert, dass es *tatsächlich* gut ausgegangen ist.

Wer zum ersten Mal etwas hofft, ist guter Dinge. Was aber, wenn man etwas gehofft hat, das sich nicht erfüllt? Wäre es dann bei einer Wiederholung nicht sinnvoll, diesmal mit einem schlechten Ausgang zu rechnen? Hier beginnt das Irrationale und zugleich Faszinierende der Hoffnung: Sie lässt sich nicht beirren. Es ist wie bei einem Auto, dessen Motor

---

[1] http://www.duden.de/rechtschreibung/Hoffnung (Abruf: 24.05.2013)

einmal, zweimal, dreimal nicht anspringt – und der Fahrer versucht es noch ein viertes Mal: Diesmal muss es doch gelingen (und manchmal springt das Auto dann tatsächlich an)!

Die Hoffnung ist also wie ein Motor für menschliches Handeln. Richteten wir uns nur nach den Wahrscheinlichkeiten und Erfahrungen, dann würden wir dort verharren, wo wir sind. Wir würden unsere Beziehungen nicht erneuern oder verbessern, bei der Arbeit nichts Neues wagen, keine anderen Urlaubsziele ausprobieren. Stets schwingt bei dem, was wir „trotzdem" tun, mit, dass es klappen *könnte* – und nur so kommen wir über begrenzendes Denken hinweg. Und wir hoffen täglich viele Male. Sei es im Kleinen (dass noch genügend Kaffee da ist, dass der Bus pünktlich kommt) oder im Großen (dass heute der Lottogewinn eintritt, dass der schwer kranke Vater wieder gesund wird). Wir sind gewissermaßen Hoffnungsprofis.

Einladung zum nächsten Schritt

Denken Sie an ein kleines Ereignis, das Sie sich erhoffen
Beispiel: Heute Nachmittag scheint die Sonne

_____

Bedenken Sie, was passiert, wenn das Ereignis nicht eintrifft (sich die Hoffnung also nicht erfüllt):

_____

_____

_____

Wie geht es Ihnen bei dem Gedanken daran, dass das Ereignis nicht eintrifft?

0 = richtig schlecht   ...   10 = sehr gut

0	1	2	3	4	5	6	7	8	9	10

Wo in Ihrem Körper macht sich dieses Gefühl am meisten bemerkbar?

_____

Bedenken Sie nun, was passiert, wenn das Ereignis eintrifft (sich die Hoffnung also erfüllt):

_____

_____

_____

Wie geht es Ihnen bei dem Gedanken daran, dass das Ereignis eintrifft?

0 = richtig schlecht   ...   10 = sehr gut

0	1	2	3	4	5	6	7	8	9	10

Wo in Ihrem Körper macht sich dieses Gefühl am ehesten bemerkbar?

_____

_____

_____

Denken Sie nun wieder an das, was Sie sich erhoffen – und bewahren Sie dabei bewusst das körperliche Gefühl von „trifft ein".

_____

Da sich hier möglicherweise zwei Gefühle („trifft nicht ein" vs. „trifft ein") überlagen, kann sich das anfangs verwirrend anfühlen – probieren Sie es ruhig mehrmals aus.

Was geschieht nun mit Ihrem Gefühl von „wird schon klappen?"

☐ wird stärker
☐ bleibt gleich
☐ wird schwächer

Denken Sie weiter an das, was Sie sich erhoffen und lächeln Sie dabei ein wenig. Was geschieht nun mit Ihrem Gefühl von „wird schon klappen?"

☐ wird stärker
☐ bleibt gleich
☐ wird schwächer

Denken Sie weiter an das, was Sie sich erhoffen und blicken Sie dabei bewusst nach oben. Was geschieht nun mit Ihrem Gefühl von „wird schon klappen?"

☐ wird stärker
☐ bleibt gleich
☐ wird schwächer

Was für einen individuellen Trick kennen Sie noch von sich, wie Sie eine Hoffnung unterstützen können?

_____

Was geschieht nun mit Ihrem Gefühl von „wird schon klappen?"

☐ wird stärker
☐ bleibt gleich
☐ wird schwächer

Welche der oben ausprobierten Methoden wenden Sie bei nächster Gelegenheit an, um eine Hoffnung zu stärken?

_____

Disziplin 11

> **Auftakt**
>
> Disziplin gilt immer noch als unerlässlich, um Erfolg zu haben. Selbst, wenn die pädagogischen Konzepte dies inzwischen in Frage stellen, bleibt die Disziplin als Voraussetzung für das eigene Gelingen besonders in sprachlichen Formulierungen und alltäglichem Denken erhalten. Wer aber seinem Handeln Aspekte wie Motivation und Entspannung hinzufügt, erhöht seine Chancen auf Erfolg.

Ohne Sattel

„Ich wär so gerne ein Ponyhof", teilte mir mein Leben vor einiger Zeit mit.

„Das geht nicht", sagte ich streng. „Das Leben ist kein Ponyhof."

Daraufhin zog es sich so lange schmollend zurück, bis ich für das folgende Wochenende einen Aufenthalt auf so einem Reiterhof buchte.

Kaum waren wir angekommen, hüpfte mein Leben mit roten Wangen über das Gelände.

„Ist doch toll hier!", krakelte es.

„Ja schon…" begann ich, und schon lugte aus einer Stalltür ein Pony heraus.

„Ooooh, ist das niiiedlich", jauchzte mein Leben, rannte zu dem Tier und hielt ihm zutraulich die Hand hin. Keine zwei Stunden später saß es mit Jeans und Gummistiefeln auf dessen Rücken. „Guck mal, ich brauche noch nicht einmal einen Sattel", rief es und krallte seine Hände in die Mähne. „Und Zaumzeug auch nicht!"

‚So einfach hätte ich es mit dir auch gerne mal' dachte ich und räkelte mich. ‚Aber wenn ich dich nicht rechtzeitig an die Kandare nehme, machst du doch freiwillig keinen Schritt.'

Nachdenklich beobachtete ich, wie eifrig es der jungen Frau zuhörte, die sich die Zeit für eine erste kurze Reitstunde auf dem nebenliegenden Platz genommen hatte. Aus einem der Ställe erklang ein Wiehern und zwei Mädchen rannten über den Hof. Der Hund, der vor den Ställen im Schatten lag, hob kurz den Kopf, erkannte keine Gefahr, und schlief weiter. Nach einiger Zeit führte mein Leben das Pony auf den Hof zurück und putzte es mit ruhigen Bewegungen. Ich beobachtete amüsiert, wie es sich anschließend von der burschikosen Besitzerin alles zeigen ließ. Die Ställe, die Tiere, das Werkzeug, die Pension.

Eine Stunde später saßen wir mit einem Becher Tee in der Hand und einer Wolldecke über den Beinen nebeneinander auf der Wiese. Ich blinzelte in die Sonne und fühlte mich nach diesem einen Tag bereits erholt.

„Weißt Du was?" begann mein Leben eifrig. „Ich habe gefragt, ob ich ein Praktikum machen kann. Die bringen mir alles bei, und dann kann ich doch ein Ponyhof werden. Es sah mich an. „Bitte!"

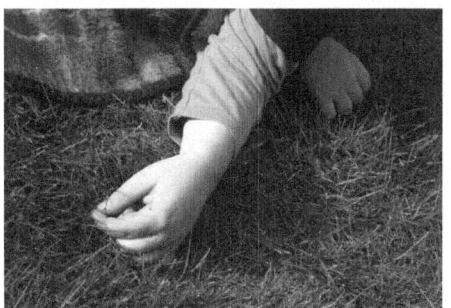

Ich legte meinen Arm um seine schmale Schulter. „Wenn du wirklich willst… Es kann aber sein, dass dann nichts Großes aus uns beiden wird."

„Und stattdessen so was?", wollte es wissen und wir betrachteten das Wimmeln auf dem Hof. Arbeit, Kreischen, Putzen, Lachen. Ich nickte. „Ja. Genau so etwas."

* * *

Wir wachsen mit Sprichwörtern auf. Unsere Eltern und andere Erwachsene geben sie uns mit auf den Lebensweg – halb im Spaß, halb im Ernst. Hierin aber liegt auch die Tücke: gerade weil wir *eigentlich* wissen, dass diese Sprichwörter nicht allzu ernst zu nehmen sind, setzen wir uns nicht mit ihnen auseinander – und so erhalten sie die Chance, als „vielleicht ja doch wahr" in unser Unterbewusstsein zu sickern.

Viele dieser so genannten Volksweisheiten kommen längst nicht so leicht daher, wie sie im ersten Moment erscheinen. Im Gegenteil, viele von ihnen vermitteln uns: Du musst fleißig sein, früh aufstehen und darfst nicht glauben, dass das Leben leicht sei. Und vor allem: Disziplin! *Der frühe Vogel fängt den Wurm. Klotzen, nicht kleckern. Ohne Fleiß kein Preis.* Was wir mit diesen Sprüchen von Kindesbeinen an vermittelt bekommen, ist: Wenn du etwas erreichen willst, dann geht das nur mit Disziplin.

Von Menschen, die etwas erreicht haben, hört man dementsprechend: „Er (sie) hat ja auch diszipliniert gearbeitet!" Und tatsächlich arbeiten viele erfolgreiche Menschen diszipliniert – im ursprünglichen Sinne von „Sich ein- oder unterordnen": sie ordnen andere Tätigkeiten oder Bedürfnisse vorübergehend einem größeren Ziel unter. Der Klavierspieler übt stundenlang und schaut dann, wie viel Zeit ihm noch bleibt, um ein Buch zu lesen: er ordnet das Klavier dem Buch unter. Der Wissenschaftler hat einen strikten Zeitplan, den er einhält: er ordnet seine Laborzeit der Freizeit unter. Was aber veranlasst Menschen zu einer solchen Unterordnung? Wohl kaum die Disziplin an sich. Stattdessen treibt sie das Bedürfnis an, etwas zu (er)schaffen. Die Sehnsucht, eine Beethoven-Sonate auswendig zu spielen oder die Vision, ein lebensrettendes Medikament zu entwickeln.

Und am Anfang steht – und das ist schon allein unter ökonomischen Aspekten sinnvoll – der Versuch, mit möglichst *wenig* Disziplin zum Ziel zu kommen. Erst, wenn das nicht klappt, erhöht man die Dosis, und auch das funktioniert nur, wenn gleichzeitig Spaß, Anerkennung oder die Vision verstärkt werden.

(Selbst-)Disziplin ist auf Dauer nur einzuhalten, wenn es vorgelagert eine Motivation gibt. Und Motivation besteht aus dem Wunsch, etwas zu erreichen und dem Vertrauen darauf, das auch zu können. Demzufolge funktioniert Disziplin dann, wenn wir das, was wir da tun, auch wollen (aus welchem Grund auch immer) und an unser eigenes Können glauben. Der Satz „Er (sie) hat auch diszipliniert gearbeitet!" könnte also heißen „Er (sie) hat eine Vision gehabt und an sich geglaubt!"

In dem Hervorheben von Disziplin steckt aber oft noch eine weitere Botschaft, nämlich: ‚Spaß haben und Erfolg haben passen nicht zueinander!' So wie in ‚Das Leben ist kein Ponyhof!', wobei der Ponyhof hier steht für ‚kindlich, ungefährlich, zutraulich'. Wer einmal einen Musiker oder Forscher bei seiner Arbeit beobachten konnte, der ahnt: Um Erfolg zu haben, ist es geradezu notwendig, dass einem die Aufgabe auch Spaß macht.

Indem wir scheinbar harmlose Sprichwörter überprüfen, sollten wir bei Bedarf unsere damit verbundene Vorstellung von Disziplin korrigieren.

> **Einladung zum nächsten Schritt**
>
> Welche Grundüberzeugung habe ich über das Leben: muss es anstrengend sein? Soll es leicht sein? Muss ich kämpfen? Darf ich auch Pausen machen?
>
> _____
>
> _____
>
> Wann hat mir das Leben schon einmal etwas „geschenkt" – ohne, dass ich dafür schuften musste – und sei es eine scheinbare Selbstverständlichkeit?
> *Beispiel: Ich kann ziemlich schnell laufen (und habe das nie trainiert).*
> *Meine beste Freundin hab ich eigentlich eher zufällig kennen gelernt, und wir mochten uns von Beginn an.*
>
> _____
>
> Welchem Sprichwort begegne ich immer wieder, das mir nicht gut tut, indem es mir zum Beispiel das Gefühl vermittelt, etwas besser oder disziplinierter tun zu müssen?
>
> _____
>
> _____
>
> Wie würde das Sprichwort lauten, wenn es vermittelte, dass man mit Spaß und Vertrauen zum Ziel kommt?
> *Beispiel: Statt „Ohne Fleiß kein Preis" der Satz „Wer in Ruhe arbeitet, hat bei der Preisverleihung noch Kraft, vor Freude hochzuspringen"*
>
> _____
>
> _____

Wann habe ich etwas mit Disziplin getan, *ohne* Spaß oder Vertrauen in meine Fähigkeiten? Wie war das und was war das Ergebnis?
Hinweis: wenn Ihnen hier nicht gleich etwas einfällt, freuen Sie sich, wie wenig vertraut Ihnen diese von außen aufgetragene Disziplin offenbar ist!

_____

_____

Wann habe ich inneren Antrieb (also *Selbst*disziplin) an den Tag gelegt. Wie war das für mich und was war das Ergebnis?

_____

_____

Für welche Tätigkeit lohnt es sich für mich zurzeit nicht, mich wirklich anzustrengen (weil das für mich nicht wirklich wichtig ist)?

_____

Für welche Tätigkeit habe ich zurzeit Lust, mich ‚ins Zeug zu legen'?

_____

Persönlichkeitsentwicklung 12

> **Auftakt**
>
> Es ist anstrengend, an sich zu arbeiten. Selbst, wenn man mit einem Aspekt endlich zufrieden ist, wird dieses Ergebnis manchmal durch neue Entwicklungen irritiert. Und eines Tages ahnt man: so viel man auch an sich feilt, es wird stets ein neues Thema geben. Wenn man sich darauf einlässt, dass der eigene Selbstfindungsprozess immer weiter geht, kann man die stets neu auftauchenden Herausforderungen gelassener oder sogar als selbstverständlich hinnehmen.

Ornamente

„Aber wenn du auf der Glücks-Skala die 10 erreichst", gab ein Bekannter zu Bedenken, „dann sorgst du dich ab dann ja nur noch, dass es auch so bleibt!"

Ich konnte ihn beruhigen: Gewiss geschähe ganz bald etwas, was mich wieder auf die 8 runterbrächte, so dass ich von Neuem voller Tatendrang an mir und meinem Leben zu basteln begänne.

Am Kölner Dom wird schließlich auch immer gebaut. Irgendwo ist stets etwas abgehängt, fehlt eine Statue zwecks Renovierung, steht ein Gerüst. Das mächtige Bauwerk wird niemals fertig, denn wenn an der einen Stelle alles perfekt ist, bröckeln an der nächsten Stelle bereits die Steine. Der gute alte Dom aber mosert nicht über die Baumeister, die ihn so komplex gestaltet haben, dass es immer etwas auszubessern geben wird. Vielmehr scheint es, als begegne er gelassen den Blicken der Fertiggeborenen und präsentiere stolz all seine Wunden und Dellen. „Wenn ihr jet Perfektes wollt", so raunt er, „dann bewundert doch eure Einkaufscenter. Ich ävver weede erst so, wich ich ben." Und dann schaut er verwundert auf die vielen Menschen, die danach streben, fertig zu werden und er fragt sich, was ihnen danach noch bleibt.

„Wat soll ich dann üvverall perfek sin?", antwortet er dem, der stete Verbesserung verlangt. „Ich dät eja den leeve Godd sin Show stelle!" Und verwirrt klappt der Optimierer sein Laptop zu und schleicht davon. Wobei: Das Richter-Fenster im Inneren, das ist vollendet. Und oben auf dem hohen Dach, da tummeln sich wundervolle Ornamente, die nur dazu gedacht sind, den Betrachter im Himmel zu erfreuen.

Hin und wieder sind einige der Mauersteine dann doch genervt. Wie anstrengend es sei, das stete Verändertwerden, und ob es nicht einfacher gewesen wäre, eine Betonwand und ein paar hübsche Fensterchen zu nehmen und gut ist. „Ävver ov mer dann glöcklich wöre?" und ein Schütteln geht durch die Gemäuer. „Well doch och keiner!", raunen die Steine von innen. „Mir hatte hee mol e Konzäät beinoh nor en Dur. Dat geiht op Door jah nit. E bessche Moll mus sin!" Und dann vergeht wieder ein Jahrzehnt in zufriedenem Schweigen.

* * *

Als Kind ging man davon aus, dass erwachsen zu sein bedeutet, „fertig" zu sein. Auf dem Weg zum Erwachsenwerden kommen erste Krisen, wir setzen uns mit uns auseinander und beginnen, uns gezielt zu verändern. Der eine arbeitet seine Kindheit auf, der andere geht zu Seminaren für Persönlichkeitsentwicklung, der nächste macht eine Therapie. Man verändert Verhaltensweisen und lernt zu kommunizieren, man überdenkt seine Beziehungen und wächst durch Krisen. Die Lerneinheiten sind oft anstrengend, zehren an den Nerven und am Selbstwertgefühl und verlangen Energie und Aufmerksamkeit. Anfangs ist da die viel versprechende Perspektive, dass es den Tag geben wird, an dem man „fertig" ist und alle Arbeit an sich selbst und dem eigenen Leben abgeschlossen ist.

Und tatsächlich gibt es Momente, in denen ein Thema abgehakt ist: man hat verstanden, wie es zu der bisher falschen Partnerwahl kam oder man hat endlich gelernt, vor einer größeren Gruppe zu reden. Eine gewisse Zeit nach solchen Etappen offenbart sich die nächste Baustelle und so stellt sich eines Tages die Frage, wann dieses stete An-sich-arbeiten ein Ende hat. Und schließlich, meist in der Lebensmitte, erkennen wir: das wird nicht aufhören. Solange wir uns selbst gegenüber kritisch bleiben, und es uns gleichzeitig am Herzen liegt, zufrieden zu sein oder zu werden, so lange wird es immer wieder zu bearbeitende Bereiche an uns oder in unserem Leben geben. Das klingt kräftezehrend – aber wir können durch dieses Wissen auch gelassen vorgehen: Wenn es keinen endgültigen Abschluss gibt, dann gibt es auch keinen Zeitdruck. Und wenn immer neue ‚Baustellen' ganz normal sind, dann stellen sie keinen Makel dar, sondern gehören zu uns.

Und dennoch ist dieses ständige An-sich-arbeiten anstrengend und entsprechend notwendig sind Pausen. Wer gerade seine Beziehung mit den Eltern bearbeitet hat, der braucht nicht bereits im nächsten Monat seine Partnerschaft anzugehen. Auch, wenn wir mit dem Kopf bereits alles begriffen haben, sollten wir uns darüber im Klaren sein, dass Herz und Seele manchmal etwas länger brauchen, um die neuen Erkenntnisse oder Verhaltensweisen aufzunehmen. Das neue Thema meldet sich meistens genau dann, wenn es an der Zeit ist und wir körperlich und seelisch in der Lage dazu sind. Einen neuen Bereich zu forcieren, weil er auf der ‚Bauliste' steht, führt schnell zu Überforderung. Während einer Arbeitsphase sind Pausen ebenso sinnvoll, da wir uns in einem Lernprozess befinden, in dem das Gehirn Unterbrechungen benötigt, um das Erlernte festigen zu können. Auch das Tempo spielt eine Rolle dabei, ob wir uns überfordert oder motiviert fühlen. Wenn es zu langsam voran geht, sehen wir die Veränderungen nicht – und wenn es zu schnell geht, können wir den Veränderungen kaum folgen.

Für viele Menschen ist es ermutigend zu sehen, was sie bereits alles geschafft haben. Wenn wir uns verdeutlichen, wie lange wir uns schon bewusst verändern, können wir wahrnehmen, was wir bereits alles bewältigt haben, und wie viel Routine wir in diesem Änderungsprozess haben. Auch, wenn die Themen neu sind – auf einmal geht es zum Beispiel um den Sinn der Arbeit oder den Umgang mit dem Älterwerden – so können wir immer mehr auf die zurückliegenden Erfahrungen zurückgreifen.

Einladung zum nächsten Schritt

Erinnern Sie sich an eine wichtige Veränderung, die in den letzten Monaten oder Jahren bei Ihnen begonnen hat.
Beispiel: ich habe begonnen, manchmal „Nein" zu sagen. Ich habe mich mit meinen Eltern auseinander gesetzt. Ich ignoriere mittlerweile die kritischen Blicke meiner Nachbarn.

_____

_____

Stellen Sie sich vor, ein 8-jähriges Kind steht vor Ihnen und fragt Sie: „Ist man als Erwachsener ganz ‚fertig'?" Was antworten Sie?

_____

_____

_____

Schließen Sie die Augen und stellen Sie sich selbst vor, wie Sie als alter Mensch sein möchten. Woran erkennen Sie, was diese Person in ihrem Leben immer wieder an sich selbst gearbeitet hat?
Beispiel: Die Frau strahlt eine große Gelassenheit aus. Sie schert sich nicht um das, was die Nachbarn sagen. Sie sitzt neben ihrem Mann und es sieht aus, als seien die beiden vollkommen gleichberechtigt....

_____

_____

_____

Schreiben Sie zu beiden folgenden Punkten etwa gleich viel Stichworte auf (wenn das nicht sofort funktioniert – Ihnen wird mit der Zeit noch mehr einfallen!):

- was ist bereits (ziemlich) „fertig" an mir: Womit bin ich zufrieden?
- was möchte ich in absehbarer Zeit noch verändern?

Nehmen Sie nun die Punkte, die Sie verändern möchten und markieren Sie davon *einen* Punkt, der Ihnen wichtig ist und beginnen Sie sobald wie sinnvoll.
Und die anderen Punkte? Wenn Sie wollen, können Sie Ihre Liste aufbewahren und später wieder darauf schauen. Oder sie tun sie weg und erstellen zu einem geeigneten Zeitpunkt eine neue Liste: Wer weiß, was sich bis dahin bereits erledigt oder zusätzlich ergeben hat.

Angst

13

> **Auftakt**
>
> Häufig schützt Angst nicht, sondern sie verhindert. Dies ist insbesondere dann der Fall, wenn die Ursache für die Angst nicht konkret ist, sondern diffus. Wer Angst hat, ist in seinem Verhalten fremdbestimmt, kann also nur reagieren. Die konkreten Ursachen eines Angstempfindens zu überprüfen und selbst zu entscheiden, ob und wie man darauf reagiert, ermöglicht mehr Freiheit im eigenen Handeln.

Ulla

Meine Freundin erzählte begeistert von dem Aquarium, das nun bei ihnen im Wohnzimmer stünde. „Und – sind schon Fische darin?", versuchte ich, mein Interesse zu wecken. „Nein, noch nicht, aber zwei Schnecken, die die Scheiben sauber halten".

Ich wollte gerade das Thema wechseln, als sie hinzufügte: „Bertha und Anneliese." Sofort hatte ich die beiden vor Augen. Mit Sicherheit war Anneliese eine Gouvernante, die die eher tranige Bertha den ganzen Tag lang ermahnte, gewissenhaft auch die unteren Kanten zu säubern und wenn man die beiden fragte, würden sie sofort aufeinander verzichten, ohne es im Grunde ihres Herzens wirklich zu wollen.

Die Bekanntschaft mit Anneliese und Bertha machte ich zu einer Zeit, als mir die Angst im Nacken saß. Sie tat nichts, sie hockte da. Ich merkte es an den schmerzenden Schultern und meinen Gedanken, die mir glaubhaft zu machen versuchten, bei einer anstehenden Aufgabe im Job in eine Katastrophe zu schlittern. Eines Nachmittags, als ich beim Erdbeeren essen von einer wuchtigen Ladung Verzagtheit überschüttet wurde, versuchte ich es.

„Hör auf, Ulla!", schimpfte ich in Richtung Schultern. Schlagartig wurde es ruhig. „So, Herzchen", sagte ich. „Nun mal Tacheles. Was willst du eigentlich von mir?"

Erst kam keine Reaktion, aber dann beugte sich Ulla, meine Angst, vor und flüsterte mir die Antwort ins Ohr. Ich wollte ihr gerade beeindruckt zustimmen, als es im Garten raschelte. Ulla und ich zuckten zusammen und sahen im Gipfel eines Bäumchens ein Eichhörnchen. Und unter ihm, keine zwei Meter entfernt, eine Katze. Das Hörnchen war in heller Aufregung, und es hatte einen *wahren* Grund dafür, denn die Katze konnte sich offensichtlich in ihrer Langeweile nicht Besseres vorstellen, als endlich mal den Tiger raus zu lassen und Beute zu machen. Das Tierchen versuchte, bis in die oberen Zweige zu klettern, die aber schließlich so dünn wurden, dass es beinahe abrutschte. Die Katze hockte unten mit angespannten Muskeln und brauchte nur zu warten, bis das kleine Ding einen Fehler machte. Nach einer elend langen Zeit des Balancierens aber setzte es zu einem athletischen Sprung an und landete mit einem leisen Tickern auf dem Fensterbrett des nahstehenden Hauses. Begeistert sprang ich auf, die Katze sprang vom Baum und das Eichhörnchen sprang entsetzt über die neue Gefahr, die nun von *mir* ausging, zurück auf den Baum.

Ich hatte während dessen über Ullas Hinweise nachgedacht und rief beim Auftraggeber an, um die zwei Punkte, die sie mir ins Ohr geflüstert hatte, zu klären. Ja, es seien noch zwei Kollegen mit dabei und nein, der Endtermin sei nicht endgültig und ließe sich durchaus verschieben. Ulla saß am Küchentisch und sah mich erwartungsvoll an. „Alles geklärt", sagte ich. „Kannst Feierabend machen!" Und dann rief ich meine Freundin an und erkundigte mich nach dem Wohlergehen von Bertha und Anneliese.

* * *

Angst ist unser lebenslanger Begleiter – und oft steht sie als guter Ratgeber beiseite. Sie weist uns auf eine konkrete Gefahr in der Gegenwart hin (‚Ein Auto kommt frontal auf mich zu'). Und sie initiiert bestenfalls auch die geeignete Reaktion (hier: ‚Flucht!'). Es gibt Situationen, die instinktiv Angst hervorrufen und andere, die uns erst aufgrund unserer Erfahrungen Angst machen. Diese konkrete Angst ist meist begründbar („Ich habe Angst, weil...") und dementsprechend zu handhaben („Ich reagiere, indem ich...").

Im Laufe unseres Lebens haben wir uns einige Reaktionen auf angstbesetzte Situationen angewöhnt, die manchmal anstrengend sind. „Sobald es dunkel wird, gehe ich nicht mehr aus dem Haus" ist ein wirksames Mittel gegen die Angst vor nächtlichen Überfällen, schränkt aber das soziale Handlungsfeld stark ein. Es kann sich also lohnen zu überprüfen, ob es für die erlernte Reaktion eine gute Alternative gibt. Allerdings brauchen wir erst dann über eine Veränderung nachzudenken, wenn uns die bisherige Reaktion nicht wirklich hilft, uns an anderen Dingen hindert oder die Angst sogar noch verstärkt. Wer zum Beispiel aus Angst, sich gegen einen Kollegen zu wehren, in die (innere) Erstarrung geht und sich damit dem Gefühl einer Depression nähert, der kann über die Alternative „Angriff" (den Kollegen zur Rede stellen, evtl. mit Hilfe eines Mediatoren) oder „Flucht" (Antrag auf Wechsel des Arbeitsplatzes) nachdenken.

Neben der konkreten gibt es die diffuse Angst, die sich nicht auf eine akute Gefahr richtet. Der Fokus der diffusen Angst liegt stattdessen entweder auf unscharf gezeichneten Ereignissen in der Zukunft (zum Beispiel ein Bewerbungsgespräch oder der Umzug in eine neue Stadt) oder auf generalisierten Sorgen (die Angst zu versagen, die Angst, verlassen zu werden). Die Angst agiert dann mit Androhungen und Andeutungen bezüglich der Zukunft und überlässt den Rest unserer Phantasie.

Auf konkrete Gefahr gibt es drei Reaktionen: Angriff, Flucht oder Erstarrung. Bei der diffusen Angst nutzen wir in den meisten Fällen Flucht oder Erstarrung. Flucht ist im weitesten Sinne eine Vermeidungsstrategie: Wer zum Beispiel Angst hat, verlassen zu werden, meidet möglicherweise feste Beziehungen. Erstarrung drückt sich oft in dem Gefühl von Handlungsunfähigkeit aus. Die Prüfung rückt näher, und man sitzt vor dem Lehrbuch und liest nicht einen Satz. Bei beiden Reaktionen – Flucht und Erstarrung – verschwinde die Angst allerdings meist nicht. Sie lauert im Nacken oder verfolgt uns: wir werden sie nicht los. Wie können wir die dritte mögliche Reaktion nutzen: den Angriff? Wenn wir der diffusen Angst ihre mächtigste Eigenschaft nehmen – das Diffuse – rücken wir ihr auf den Leib. Bisher konnte sie unerkannt agieren, so, wie jemand, der in einer großen Runde tuschelnd lästert. In dem Moment, in dem er direkt angesprochen wird („Na, Hugo, was gibt es denn da zu tuscheln?"), verstummt so jemand meist. Ähnlich mag es der Angst ergehen, wenn sie beim Namen genannt wird und eine konkrete Gestalt erhält, indem wir nachforschen, wovor *genau* wir Angst haben.

Einladung zum nächsten Schritt

Welche konkrete Angst macht Ihnen zu schaffen?

Ich habe Angst vor _____

Bitte überprüfen Sie noch einmal kurz anhand des Sachtextes: ist dies wirklich eine konkrete oder eher eine diffuse Angst?

Wie können Sie auf diese Angst reagieren, indem Sie

a) erstarren _____

b) angreifen _____

c) fliehen _____

Beispiel für „Angst im Fahrstuhl zu fahren"
a) vor dem Fahrstuhl stehen bleiben und notfalls den Termin verpassen
b) die Zähne zusammenbeißen und mitfahren
c) die Treppe nehmen

Spielen Sie alle drei Variationen in Gedanken durch: bei welcher geht es Ihnen am besten?
Bei Variante ____

Wann werden Sie diese Reaktion demnächst ausprobieren?
Bedenken Sie: wenn die Reaktion nicht hilfreich war, können Sie wieder auf Ihr bisheriges Verhalten zurückgreifen.

_____

Welche diffuse Angst macht Ihnen zu schaffen?

Ich habe Angst _____
Bitte überprüfen Sie noch einmal kurz anhand des Sachtextes: ist dies wirklich eine konkrete oder eher eine diffuse Angst?
Beschreiben Sie (noch) konkreter, wovor genau Sie Angst haben.
Beispiel:
„Ich habe Angst verlassen zu werden" = Ich habe Angst, alleine zu leben / vor dem Gefühl, nicht geliebt zu sein, ...)
„Ich habe Angst vor der Prüfung" = Ich habe Angst, eine Antwort nicht zu wissen und mich zu blamieren

_____

_____

_____

Angenommen das, wovor Sie Angst haben, tritt tatsächlich ein[1].

Wie geht es Ihnen fünf Minuten nach diesem Ereignis?

_____

Wie geht es Ihnen fünf Monate nach diesem Ereignis?

_____

Wie geht es Ihnen fünf Jahre nach diesem Ereignis?

_____

Stellen Sie sich vor, wie es sich anfühlt, wenn die Angst direkt bei Ihnen ist, zum Beispiel, als hätten Sie sie wie eine Wolldecke um sich gelegt oder seien wie von einer Wand umgeben. Nehmen Sie wahr, wie es ist, wenn sie nun mehr und mehr Abstand zur Angst bekommen, bis diese mindestens einen Meter von Ihnen entfernt ist.
Nimmt die Angst ab? Dann wenden Sie diese körperliche Übung bei dem Gefühl diffuser Angst an.

---

[1] Methode nach Suzy Welch „10-10-10"

Umgang mit eigenen Fehlern 14

> **Auftakt**
>
> Wer einen Fehler macht, ärgert sich darüber oft so sehr, dass seine gesamte Wahrnehmung sich auf diesen Ärger konzentriert. Eine solche Fokussierung führt meist zu einer Überbewertung des zurückliegenden Missgeschicks. Indem die Vergangenheit als nicht mehr änderbar hingenommen wird, entsteht ein gelassener Umgang sowohl mit den eigenen Fehlern als auch mit gegenwärtigen neuen Herausforderungen.

Das Mopsprinzip

Als sei er gerade gegen einen Laternenpfahl gelaufen, vermittelt der Mops mit seinen Sorgenfurchen und Kulleraugen eine Gefühlslage, die ich beizeiten nur allzu gut nachvollziehen kann.

Dennoch macht dieser Hund stets einen freundlichen, ja geradezu unbekümmerten Eindruck, wenn er mit seinem Babyspeck-Körper den Bürgersteig entlang trippelt.

Also nahm ich mir eines Vormittags die Zeit, einen Mops zu beobachten. Als erstes strebte er auf eine Lache von Erbrochenem zu, schnupperte daran, hielt inne. Und lief unbekümmert auf das nächste interessante Objekt zu. Dieses Mal mit Erfolg: es war ein dicker Stock, den er stolz aufnahm, etwa einen Meter lang schleppte und dann mit tiefen Falten auf der Stirn wieder fallen ließ: zu groß, zu schwer, zu sperrig. Unbekümmert lief er weiter und wurde von einem Rottweiler angeknurrt. Er sprang entsetzt zur Seite, blickte mit betrübtem Blick nach oben. Und lief unbekümmert weiter. So ging das die ganze Straße entlang, und diese Straße war lang! Schließlich gab ich mir einen Ruck und sprach ihn an.

Wie er das nur mache, dass ihm ein Unglück nach dem anderen passiere und anstatt aufzugeben, liefe er schon nach kürzester Zeit unbekümmert weiter, um sich direkt in die nächste vergleichbare Situation zu begeben. Gramvoll blickte sein Clownsgesicht mich an, und ich war mir nicht sicher, ob er meine Frage überhaupt verstanden hatte. Dann schnaufte er kurz und antwortete: „Das liegt an Vorbei."

Klar. Ich hätte ja auch nicht erwarten können, dass so ein Mops sinnvoll und grammatikalisch korrekt antwortet. Ich wollte gerade weitergehen und trat ihm aus Versehen auf seine Pfote. Reflexartig blickte der Hund neben sich. Und tatsächlich: dort hockte eine nebelhaft wirkende Kopie des Mopses, ohne Sorgenfalten und mit einem äußerst charmanten Gesichtsausdruck. „Vorbei!", grüßte er mich, und sofort ruckelte sich der echte Mops zurecht. Ich starrte auf die beiden dicklichen Hunde, die mich von unten ebenfalls erwartungsvoll anstarrten.

„Äh…", sagte ich.

Der echte Mops grinste. „Cooler Typ, was? Der taucht auf, sobald mir was passiert."

„Also ständig", ergänzte Vorbei.

In diesem Moment tropfte dem Mops, der immer noch zu mir hinaufblickte, ein fetter Flatschen Eis aus meiner Waffel in sein Auge.

Der andere kickte ihn von der Seite in die Hüfte. „Vorbei!", kläffte er, der Mops plinkerte mit dem Auge und blickte mich wieder unbekümmert an.

„Das ist alles?", fragte ich. „Das ist das ganze Mopsprinzips?"

Er nickte. „Manchmal nervt der auch. Aber wie schon Loriot sagte: Ein Leben ohne Mops ist möglich, aber sinnlos." Und schon wackelte er davon, lief kurz gegen einen Laternenpfahl und verschwand dann am Horizont.

* * *

Wer den Blick auf das lenkt, was er falsch macht, verlangt meist gleichzeitig von sich, es jetzt aber gefälligst besser zu machen oder er erlaubt sich keinen zweiten Versuch. Man kennt das aus dem Alltag: Bei einem Spiel verliert man in der ersten Runde – und steht dann bei der zweiten Runde unter größerem Stress als jemand, der es guten Mutes zum ersten Mal probiert. In dieser Verfassung fällt nicht nur das Gewinnen schwerer, sondern meist geht auch noch der Spaß am Spiel verloren. Ähnlich ergeht es dem, der sich in Gedanken immer wieder bei vergangenen Fehlern aufhält: selbst, wenn ihm in der Gegenwart etwas gut gelingt oder Spaß macht, verharrt sein Gefühl im Misslungenen, so dass er seine gegenwärtigen Erfolge nur am Rande wahr- aber nicht Ernst nimmt.

Wie einfach wäre es, könnte man selbst kleine misslungene Sequenzen einfach aus der Erinnerung löschen. Dann bliebe die Lebenserfahrung, mit der wir routiniert und oft auch selbstbewusster an Aufgaben herantreten – aber die leise Stimme, die mahnt „das hast du in der Vergangenheit nicht geschafft" würde verstummen. Gleichzeitig gehören Fehler und Missgeschicke zum Leben dazu und bieten uns die Möglichkeit aus ihnen zu lernen. Sie können also *vor* einer Situation gute Ratgeber sein. Nur: *Währenddessen* – beim Spielen, im Bewerbungsgespräch, beim ersten Date – verhindern sie, dass wir unbeschwert einfach etwas (noch einmal) ausprobieren.

Wenn man bewusst etwas anders macht, als beim ersten nicht gelungenen Mal, gilt es zu überprüfen: klappt es besser (dann mache ich es ab jetzt eher so) oder eher schlechter (dann sollte ich etwas noch ganz anderes ausprobieren). Denn das, was schief gegangen ist, lässt sich ja meist aus eigenem Antrieb ändern. Für diesen Fall reicht es vorerst, sich den „Trainingsbedarf" bewusst zu machen und dann zu einem geeigneten Zeitpunkt mit dem Üben zu beginnen. So machen es auch die Fußballtrainer: die Mannschaft spielt (und besonders im Turnier ist es wichtig, jeden Fehler sofort hinter sich zu lassen, denn das Spiel geht weiter), während der Trainer am Rand sitzt und notiert, was nicht gut funktioniert.

Ein hilfreicher Umgang mit den eigenen Fehlern und Missgeschicken muss also nicht darin bestehen, das Vergangene zu vergessen oder die Ursachen genauestens zu ergründen. Wem es nach und nach gelingt, in der Gegenwart eine bewusste Distanz zu Vergangenem zu schaffen, der wird das augenblickliche Geschehen unbelasteter erleben können und gibt sich damit eine faire zweite (oder dritte oder vierte) Chance.

Einladung zum nächsten Schritt

Hinweis: die folgenden Übungen sind weniger für eine konkrete Situation denn als generelles Training gedacht, mit Situationen umzugehen. Probieren Sie in den nächsten Tagen bewusst aus, welche der folgenden Übungen für Sie hilfreich ist, um in die Gegenwart zu gelangen. Vielleicht sind es auch mehrere. Merken Sie sich diese Fähigkeit und setzen Sie sie immer mal wieder ein.

Eine Sekunde „zurück in der Gegenwart", wenn Sie eigentlich gerade grübeln, ist übrigens für Ihre Gehirn bereits eine spürbare Entspannung!

Denken Sie an eine verpatzte Situation, die Sie erlebt haben und die Ihnen manchmal noch nachhängt.

___

Vergegenwärtigen Sie sich diese Situation noch einmal sehr genau. Wie fühlen Sie sich dabei auf einer Skala von 1 bis 10.

1 = ich fühle mich sehr schlecht   …   10 = es geht mir bestens!

1	2	3	4	5	6	7	8	9	10

Schauen Sie sich jetzt um, dort wo Sie gerade sitzen. Was sehen Sie da? Was gefällt Ihnen an dem, was Sie sehen? Was genau hören Sie? Welche mögen Sie? Wie fühlen Sie sich jetzt, während Sie dieses Erfreuliche wahrnehmen auf einer Skala von 1 bis 10?

1 = ich fühle mich sehr schlecht   ...   10 = es geht mir bestens!

1	2	3	4	5	6	7	8	9	10

Wenn es Ihnen besser geht, als bei der Erinnerung an die verpatzte Situation, wenden Sie diese Übung an, sobald Sie in unangenehme Erinnerungen fallen.

Betrachten Sie noch einmal die unangenehme Situation, die Sie gewählt haben. Jetzt überdramatisieren Sie die Situation bis ins Groteske.
Beispiel:
Wenn Sie gestolpert sind, malen Sie sich aus, wie Sie laut schreiend hinfallen, beim Aufprall noch einen Schrank umreißen und dann mit zerrissener Hose da liegen, ...
Wenn es Ärger mit einem Kollegen gab, malen Sie sich aus, wie der Kollege total eskaliert, danach sammeln sich sämtliche anderen Kollegen dahinter, zeigen mit dem Finger auf sie, der Chef kommt rein und wedelt mit dem Auflösungsvertrag, ...

Nun betrachten Sie noch einmal die tatsächliche Situation – wie geht es Ihnen in Anbetracht des vermutlich eher harmlosen Ausgangs?

☐ besser
☐ etwa gleich gut
☐ schlechter

Geht es Ihnen besser? Dann malen Sie sich in Zukunft öfter die unangenehme Situation im Nachhinein grotesk aus – am Besten so, dass Sie fast darüber lachen müssen.

Finden Sie einen Satz, der Sie im Falle eines Fehlers beruhigt bzw. das Geschehene verblassen lässt. Achten Sie darauf, dass die Formulierung Ihnen selbst gefällt. *Beispielsätze: „Vorbei ist vorbei", „was hilft es, über verschüttete Milch zu klagen", „ich wische die innere Tafel ab und schaue nach vorne"*

Arbeit als Statussymbol   15

> **Auftakt**
>
> Wer viel arbeitet, bekommt gesellschaftliche Anerkennung. Wer wenig arbeitet, sei es erzwungen oder freiwillig, kann den Eindruck bekommen, für die Gesellschaft weniger wert zu sein. Dabei gibt es neben der Arbeitskraft noch andere Werte, die ein Mensch im Laufe seines Lebens für das Gemeinwohl beisteuern kann. Es ist an der Zeit, das ungeschriebene Gesetz „viel Arbeit = hohes Ansehen" in Frage zu stellen.

Poker

Er schaute in sein Blatt. Das würde mal wieder nichts werden.

„Ich mache seit Wochen Überstunden!", sagte sein Nebenmann und knallte die Spielkarte auf den Tisch. Anerkennendes Murmeln der mitspielenden Terminkalender.

„Ich habe so viel zu tun, dass ich seit einem Jahr keinen Urlaub machen konnte!", setzte der nächste nach.

‚Da kann ich nicht mithalten', dachte der Taschenkalender. Allein schon seiner anti-

quierten Papierform wegen: Die meisten anderen Terminkalender in der Runde waren in elektronischer Form angetreten. Er schielte auf seinen Punktestand. Bis auf ‚Ich müsste mal wieder ein ganzes Wochenende frei haben' hatte er bisher wenig zu bieten gehabt. Angestrengt betrachtete er seine restlichen Karten. Kein wichtiger Termin, kein ‚Da muss ich hin: ohne mich schaffen die das nicht'. Nicht einmal Freizeitstress konnte er nachweisen.

Die Runde blickte ihn an und er schob seine Karte auf den Tisch. „Ich übernehme demnächst die Leitung für... für ein wichtiges Projekt. Ab dann: kein Privatleben mehr", pokerte er.

Hörbares Einatmen um ihn herum. ‚Kein Privatleben' plus ‚wichtig' – den Stich hatte er sicher.

Der Kalender neben ihm, der neu in der Runde war, blickte in sein Blatt und dann auf den Stapel. „Wann hat man noch mal gewonnen?", fragte er.

„Wenn man die meisten Punkte hat", antwortete ein Smartphone genervt.

„Ja, aber wobei?"

„Anerkannte Leistung für die Gesellschaft", erklärte ein anderer Kalender.

Der Neue legte sein Blatt auf den Tisch. „Sorry – aber dafür ist mir meine Zeit zu schade."

„Zeit?", bemerkte ein Mitspieler, „Zeit haben wir alle nicht!"

Der Andere nickte, klappte sich zu und stand auf.

Bewundernd schaute ihm der Taschenkalender hinterher. Damit war der raus aus dem Spiel.

„… Raus aus dem Spiel", hallte es in ihm nach. Seine Mitspieler echauffierten sich derweil. Dass man sich so nicht verhalten könne. Und überhaupt, wer das denn sei und der müsse erst einmal nachweisen, dass er überhaupt..."

„Ich glaub, ich steig auch aus", sagte er und schob seinen Stich einem Laptop zu. Unter den missbilligenden Blicken der Runde ging er auf die Terrasse. Der andere Terminkalender prostete ihm zu und schweigend blickten sie in die Dämmerung. Es war ein ruhiger Abend.

* * *

Wir leben in einer Gesellschaft, in der sich viele Menschen in hohem Maße über ihre Arbeit und den entsprechenden zeitlichen Einsatz definieren. Es gibt viele Gründe dafür, dass Menschen wenig(er) arbeiten. Arbeitslosigkeit oder Selbstständigkeit mit fehlenden Aufträgen sind eine mögliche Ursache. Andere Menschen entschließen sich freiwillig, wenig(er) zu arbeiten und entsprechend weniger zu verdienen – um Zeit für anderes zu haben. Und es gibt solche, die zwar arbeiten (zum Beispiel ehrenamtlich, als Hausmann oder Mutter), deren Arbeit aber nicht ernst genommen zu werden scheint.

Viele Menschen, die weniger Zeit als andere mit Arbeit im herkömmlichen Sinne verbringen, geraten unter Rechtfertigungsdruck. Dass sie arbeiten wollen aber nicht können, dass sie alles tun, um an Aufträge zu kommen, dass sie physisch oder psychisch nicht mehr leisten können oder dass sie später wieder in den ‚richtigen' Beruf zurückkehren werden.

Es scheint oftmals, als würden diese Erläuterungen abgetan mit dem unterschwelligen Hinweis „Gründe hin oder her – wertvoll bist du erst, wenn du viel arbeitest". Das führt dazu, dass sich Menschen bei einem Treffen (sogar unter Freunden) als erstes erzählen, wie viel sie beruflich zu tun haben. Die Gesprächspartner berichten dann im Gegenzug, wie viel Arbeit sie gerade haben. Wer davon nicht berichten kann, schweigt, oft begleitet von einem Gefühl von Wertlosigkeit.

Dem zu Grunde liegt ein Wertgesetz im Sinne von „Je mehr bezahlte Arbeit jemand hat, desto wertvoller ist er für die Gesellschaft" oder sogar „Nur wer ordentlich arbeitet, hat eine Lebensqualitätsberechtigung". Nach diesem ungeschriebenen Gesetz richten wir uns, wenn wir in Gesprächen oder auch in der Selbstwahrnehmung darauf aus sind, unsere Arbeit und die Zeit, die wir dafür aufbringen, in besonderem Maße herauszustellen.

Die ungeschriebenen Gesetze, die sich eine Gesellschaft schafft, sind wandelbar und sie wandeln sich, indem sich die Menschen ändern. Es ist also durchaus denkbar, dass das aktuelle „Wertgesetz" geändert oder erneuert wird.

„Alles, was ein Mensch mit seinem Sein, Tun und Denken in die Welt trägt, kann für die Existenz und Entwicklung einer Gesellschaft wertvoll sein", könnte so ein Gesetz lauten. Dann könnten die wenig(er) Arbeitenden Humor, Mitgefühl, Nachbarschaftshilfe, Musik und Vieles mehr beitragen – und die Waagschalen glichen sich mit einem Male aus.

Oder es könnte heißen: „Jeder Mensch ist dafür verantwortlich, sein Leben so zu leben, dass es seinen eigenen Bedürfnissen und Fähigkeiten entspricht". Wer also gerne viel arbeitet, mag das tun – und wer mit dem Existenzminimum zufrieden ist und dafür viel spazieren gehen möchte, soll dies tun. Dann ginge der vergleichende Blick dahin zu schauen, wie stimmig jemand lebt und wieder würden die Waagschalen sich bewegen.

Eine andere Möglichkeit wäre: „Jeder Mensch hat in seinem Leben ein bestimmtes Pensum an Leistung, Sorgen, Kraft und Energie – *wann* er dies in seinem Leben einsetzt, ist ihm selbst überlassen" – und viele Waagschalen würden an Gewicht gewinnen angesichts der Arbeitsleistung aus vergangenen Zeiten.

Eine spürbare Veränderung wird aber erst dann eintreten, wenn man sich und das eigene Leben nicht mehr vor Anderen verteidigen will oder muss. Ein Anfang wäre es, *sich selbst* das Leben zu erlauben, das man führt.

Einladung zum nächsten Schritt

Dies ist eine etwas längere Übung. Wenn kurze Verhaltensübungen gerade hilfreicher für Sie sind, wechseln Sie bitte zu B)

A)
Wie hoch schätzen Sie jetzt gerade ihren ‚gesellschaftlichen Wert' ein?

1 = ich habe zurzeit gar keinen Wert   ...   10 = ich bin für die Gesellschaft unersetzlich

1	2	3	4	5	6	7	8	9	10

Mal angenommen, es gäbe ein neues Wertesystem – was bringen Sie an immateriellen Dingen mit ein?
Beispiel: Ich kümmere mich um meine Eltern. Ich ziehe Menschen mit meinem Elan mit. Ich helfe im Verein immer beim Auf- und Abräumen mit.

_____

_____

_____

_____

Stellen Sie sich ca. 3 Meter entfernt vor den Platz, auf dem Sie gerade sitzen und nehmen Sie die Perspektive einer neutralen Person ein. Beschreiben Sie äußerlich den Menschen, den Sie dort sehen.
Beispiel: da sitzt ein Mann um die 40, er hat eine Jeans und ein blaues Shirt an, lächelt etwas unsicher.

_____

Greifen Sie auf Ihr Wissen über sich selbst zurück: was hat dieser Mensch bis jetzt bereits erlitten, gearbeitet, erkämpft, durchgehalten, geleistet? Notieren Sie stichwortartig.
Beispiel: Vater früh tot, Außenseiter Schule, Studium + Jobben, fast Burnout in erstem Job, Fußballverein ehrenamtlich

_____

_____

_____

Wenn Sie aus Sicht der Gesellschaft freundlich auf sich selbst schauen, welche Bezeichnung fällt Ihnen ein?
Beispiel: „Unser Sonnenschein", „Ein echter Ackergaul", „Der Fels in der Brandung", ...

_____

Setzen Sie sich wieder auf Ihren Platz.

Welche dieser Überlegungen war für Sie ein wenig hilfreich, um den eigenen Wert wahrzunehmen – und wie werden Sie sich diese Erfahrung in nächster Zeit in Erinnerung bringen?

_____

_____

B)
Denken Sie an die nächste Situation, in der es darum gehen könnte, mit Anderen über „Arbeit" und „Viel zu tun" zu sprechen. Betrachten Sie die folgenden Reaktionsmöglichkeiten und überprüfen Sie jeweils: Geht es mir mit dieser Reaktion besser / schlechter / gleich gut bzw. gleich schlecht?

1. Ich höre dem Gespräch interessiert zu, füge aber nichts über mich hinzu
   besser
   ☐ besser ☐ schlechter ☐ gleich gut / gleich schlecht

2. Ich erzähle nicht von meiner Arbeit bzw. Arbeitslosigkeit, sondern von etwas, was ich im Privaten erlebt / geschafft / angefangen habe
   ☐ besser ☐ schlechter ☐ gleich gut / gleich schlecht

3. Ich schwärme davon, wie ich es genieße, neben der Arbeit auch einfach Zeit zu haben zu lesen, Freunde zu besuchen, spazieren zu gehen, ...
   ☐ besser ☐ schlechter ☐ gleich gut / gleich schlecht

4. Ich stelle mir in Gedanken einen Buddha (oder einen anderen Menschen, der scheinbar nichts tut und doch so viel tut) hinter oder neben mich und beteilige mich mit dieser Stärkung ganz „normal" am Gespräch
   ☐ besser ☐ schlechter ☐ gleich gut / gleich schlecht

Bei welchen dieser Varianten geht es Ihnen besser? Probieren Sie das Verhalten bei nächster Gelegenheit aus.

Rückzugs- und Präsenzphasen 16

Auftakt

Fast alle Menschen brauchen Zeiten, in denen sie viel unternehmen, und andere Zeiten, in denen sie sich zurückziehen. Frequenz und Dauer dieser Phasen sind typbedingt unterschiedlich und bedürfen für Viele der Akzeptanz der Umgebung. Nicht immer ist es möglich, diese Phasen selbst zu bestimmen. Umso wichtiger ist es, das Bedürfnis nach Präsenz und Rückzug wahrzunehmen, um rechtzeitig die eigenen Planungen danach auszurichten.

Erlauben Sie mal!

Mein Minister für Inneres ist sauer. Er könne, so schrieb er mir, unter diesen Umständen nicht mehr vernünftig arbeiten. Der Innenminister ist zuständig für meine Gelassenheit, für Pausen und Rückzug, für Freunde und Familie.

Will sagen: ohne ihn geht nichts. In dem tags drauf folgenden Gespräch erläuterte er, dass er seit einiger Zeit aufgrund fehlender Mittel seine Aufgaben nicht mehr angemessen erledigen könne. Erschrocken lauschte ich seiner Einschätzung, die er anhand von Stundentabellen und den Grafiken meines Energiehaushaltes belegen konnte. Woran das liege, fragte ich. „An dieser..." er atmete tief durch, „an dieser neuen Außenministerin!" Die sorgt tatsächlich seit einiger Zeit für frischen Wind. Unter ihrer Leitung waren Maßnahmen wie Netzwerkerweiterung, Auftragsgespräche und Teilnahme an mehreren Partys ergriffen worden. Kurzum: die neue Außenministerin hatte meine Außenwirkung enorm erhöht – und dabei viel Zeit und Energie verbraucht. Was tun? Ihre Tätigkeit ist mir wichtig, aber auf die Arbeit meines Ministers für Inneres kann ich ebenso wenig verzichten.

Ich kümmere mich nicht allzu sehr darum, welche neuen Gesetze mein inneres Parlament gerade verabschiedet – ich bin ausreichend damit beschäftigt, diese Verordnungen zu befolgen. Vor einiger Zeit hatte zum Beispiel der Verteidigungsminister vorgeschrieben, dass ich ab sofort bei vermeintlicher Kritik nicht mehr wie bisher entweder in den direkten Gegenangriff oder den sofortigen Rückzug gehen, sondern als erstes eine Nachfrage bezüglich des Sachverhaltes stellen möge. Ich habe mich daran gehalten, aber leicht fiel mir das nicht. Und so bleibt wenig Zeit, den Gesetzesdebatten zuzuhören, die ständig im Hintergrund laufen. Als ich mich allerdings zwischendurch gar nicht mehr an der eigenen Gesetzgebung beteiligte, protestierten meine Bedürfnisse. Ich würde, so warfen sie mir vor, zu viele Gesetze durch außenstehende Berater bestimmen lassen, und sie, das Volk, hätten da ja wohl auch noch ein Wörtchen mitzureden.

Hilfreich im Konflikt zwischen Innen- und Außenminister war schließlich ein Blick in mein persönliches Grundgesetz. „Das Glück des eigenen Lebens ist unantastbar", heißt es dort. Und weiter unten: „Kommt es vorübergehend zu einem Ungleichgewicht zwischen äußerer Präsenz und innerem Rückzug, so ist dies innerhalb eines Quartals formlos auszugleichen."

Nachdem die Außenministerin sich bereit erklärt hatte, den Bedürfnissen zuliebe schon jetzt eine tägliche Reserve für ihren Kollegen bereitzustellen, konnte ich dem Minister für Inneres mitteilen, dass er spätestens im Frühjahr wieder voll im Einsatz sein werde. Wie es so seine Art ist, hat er daraufhin erst einmal einen Tag Urlaub beantragt.

* * *

Es gibt Zeiten, in denen der Terminkalender randvoll ist. Wenn ein Projekt beginnt, Bekanntschaften entstehen oder endlich Sommer ist, sind wir oft „Feuer und Flamme". Auf Pausen verzichten wir fast ganz und am liebsten würden wir auf mehreren Hochzeiten gleichzeitig tanzen. In solch energiegeladenen Zeiten schieben wir Neues an, intensivieren Netzwerke, kommen begeistert an unsere Grenzen. Wir sind viel unterwegs, und der Fokus ist nach außen gerichtet. Diese Zeiten brauchen wir, um neue Impulse zu bekommen und damit unserem Leben zu ermöglichen, sich zu wandeln und zu entwickeln.

Ebenso hat (fast) jeder Mensch das Bedürfnis nach Ruhe und Rückzug. Tiere gehen damit selbstverständlicher um als wir: Ein verwundetes Reh zieht sich so lange zurück, bis es sich den äußeren Gefahren wieder aussetzen kann. Diesen Rückzug brauchen auch wir, um uns zu erholen und um den Blick nach innen zu richten. In diesem Zustand wird es möglich, sich wieder zu sortieren. Ohne Außeneinflüsse erkennen wir, was uns wichtig ist, welche Gefühle wir vielleicht in dem ganzen Trubel übergangen haben oder was wir als nächstes tun möchten: Wir schaffen innerlich neuen Raum.

Beide Zustände sind für die meisten von uns wichtig und förderlich, wobei die jeweiligen Phasen bei dem einen Menschen einen Tag und beim anderen Jahre dauern können. Beide Zustände haben auch ihre Nachteile. Sind wir viel „außen" unterwegs, sind wir tendenziell fremdbestimmt: Termine, Aufgaben und die Bedürfnisse anderer geben uns vor, was wir wann zu tun haben. Hinzu kommt, dass, wenn wir mit vielen Menschen oder Orten zu tun haben, viele Eindrücke auf uns einprasseln. Dann nehmen wir Vieles ungefiltert und unreflektiert auf und überfrachten dadurch Kopf, Herz und Seele. Sind wir überwiegend „innen", droht die Gefahr, Freundschaften und Kontakte zu vernachlässigen. Der stete Blick auf die eigenen Gefühle und Gedanken führt manchmal zu ‚Verknotungen', und durch fehlende Rückmeldungen kann aus einem Einfall schnell eine fixe Idee werden.

Am besten wäre wohl eine dauerhaft ausgewogene Mischung aus beiden Zuständen, und optimal wäre es, wenn wir diese Mischung nach unseren aktuellen Bedürfnissen richten könnten. Nur funktioniert das nicht immer. Es gibt Zeiten, in denen aus beruflichen oder anderen Gründen eine starke Außenpräsenz notwendig ist – auch, wenn man schon seit Monaten nicht wirklich Zeit für sich selbst hatte und am liebsten in eine einsame Waldhütte fliehen würde. Und ebenso gibt es Zeiten, in denen wir zuhause sitzen mit dem Gefühl „kein Schwein ruft mich an". Ein erster Schritt ist es, das Bedürfnis nach einem Wechsel ‚von außen nach innen' bzw. ‚von innen nach außen' wahrzunehmen, damit nicht das Unbewusste für einen Wechsel sorgt: dann zwingt uns beispielsweise die Migräne zum Rückzug oder wir packen uns eifrig den Terminkalender so voll, dass wir uns selbst Stress bereiten. Als nächstes kann man überlegen, wie ein Wechsel eingeleitet werden könnte. Manchmal funktioniert das wie von selbst: wir sagen unwichtige Termine ab oder aber kümmern uns im Gegenteil gezielt wieder um Verabredungen und Unternehmungen. Und manchmal kann man nichts machen. Dann *müssen* Termine wahrgenommen werden oder man *ist* eine für längere Zeit ans Bett gefesselt. Das führt oft zu dem beunruhigenden Gefühl „das bleibt jetzt so!". Wir können jedoch davon ausgehen, dass es wieder andere Phasen geben wird – selbst herbeigeführt oder zufällig entstanden. Meist ist eine solche Zeit auch schon in Sicht und mit dieser Perspektive können wir den „falschen" Zustand noch eine Zeit lang aushalten, vielleicht auch schon mit dem ein oder anderen kurzen Ausflug ins Innen oder Außen.

Einladung zum nächsten Schritt

In was für einer Phase sind Sie zurzeit:
A) Ich bin viel außen unterwegs – und finde das gut!
B) Ich bin viel außen unterwegs – und sehne mich nach Ruhe und Rückzug.
C) ich habe eine Rückzugsphase – und finde das gut!
D) Ich habe eine Rückzugsphase – und sehne mich nach mehr Außen.

Antwort A oder C: Prima! Genießen Sie Ihre Zeit und blättern Sie zu einem anderen Text weiter!

Antwort B:

Wie viel Zeit bräuchten Sie mindestens, um das Gefühl von „Rückzug" zu haben (und das kann schon eine Viertelstunde sein)?

Ich bräuchte _____

Ausgehend von dieser Zeitspanne: wann werden Sie das nächste Mal die Gelegenheit für einen Rückzug haben?

_____

Welche „Mini-Auszeiten" können Sie schon heute nehmen, wenn Sie merken, dass es Ihnen zu viel wird?
Beispiel: Auf einer Party eine Runde ums Haus gehen, bei einer Sitzung auf die Toilette gehen, an einem übervollen Tag 10 Minuten Kaffeepause machen

_____

_____

Antwort D

Ausgehend davon, dass der Rückzug sinnvoll ist, aus welchen Gründen auch immer: wie lange darf er noch dauern, ohne, dass Sie sich ernsthaft Sorgen um die gesellschaftlichen oder sonstigen Auswirkungen machen müssen?

_____

→ Noch mehr als zwei Tage? Dann setzen Sie die Übung erst fort, wenn Sie sich wieder „nach außen" begeben möchten.
→ Möglichst sofort? Dann finden Sie Möglichkeiten: Was müssten Sie jetzt mindestens tun oder erleben, um das Gefühl zu haben „außen" zu sein?
Beispiel: Kontakt mit einem Freund aufnehmen / spazieren gehen / den Termin X vereinbaren

_____

_____

Ausgehend von dieser Aktivität: wann werden Sie das nächste Mal die Gelegenheit für eine „Außenzeit" haben?

_____

Welche „Erlaubnis" gibt es, um noch weiter zurückgezogen zu bleiben, sei es einen Tag oder länger?
Beispiel: die letzte anstrengende Woche hat mich so viel Kraft gekostet, dass ich jetzt vermutlich zu meinen Mitmenschen eher unfreundlich wäre. Deshalb erlaube ich mir den Rückzug, damit ich danach wieder gut gelaunt unter Menschen gehen kann.

_____

_____

Wut

17

> **Auftakt**
>
> Viele Menschen vermeiden Wut: sie ist besonders für jene anstrengend und bedrohlich, die mit ihrer Umgebung harmonisch leben möchten. Trotzdem ist dieses Gefühl da und bahnt sich seinen Weg, ob innerlich oder äußerlich. Doch es gibt Wege, die eigene Wut zu äußern, ohne dabei Beziehungen zu gefährden. Schließlich hat jede Wut ihre Berechtigung – und wer will schon sein Leben lang immer nur nett und lieb sein?

Die neue Mitbewohnerin

Mein Keller hatte es dringend nötig. Die alten Schulbücher wegzuwerfen fiel mir leicht, das alte Studentengeschirr habe ich auf die Straße gestellt mit einem Zettel „zum Mitnehmen", und dass die olle Vase auf den Boden fiel, war mehr als ein reines Versehen.

Nach einigen Stunden sah der Raum prima aus, und es war nur noch eine Kiste übrig. Ich öffnete tatkräftig den Deckel – und vor mir lag zusammengeknüllt und schwer wie eine Ladung Kartoffeln meine Wut. Im ersten Moment dachte ich „Deckel zu, hab ich nicht gesehen". Stattdessen schleppte ich sie in meine Wohnung und suchte in allen Zimmern nach einem geeigneten Platz, wusste aber auch nach Stunden beim besten Willen nicht, wohin mit ihr. Richtig nervös wurde ich, als das Knäuel begann, sich zu regen. Anfangs hörte ich nur ein leises Grummeln und am späten Nachmittag schimpfte die Wut so laut, dass ich sie in den Flur verbannte. Besorgt legte ich mich weit nach Mitternacht schlafen. Was, wenn sie nachts meine Wohnung verwüstete? Oder auf die Straße lief – wer weiß, was sie dort draußen alles anrichten könnte! Ich mochte sie aber auch nicht zurück in den Keller bringen, denn jetzt, wo sie raus war, wollte ich sie im Blick behalten. Am nächsten Morgen überlegte ich, ob es nicht am einfachsten sei, die Wut stückchenweise jeweils dorthin zurück zu bringen, wo sie ursprünglich entstanden war. Vor meinem inneren Auge sah ich mich schon als Konfliktbüffel über die Prärie rasen. Da könnte ich ja gleich in der Lokalredaktion anrufen und mich als Schlagzeile für den nächsten Tag zur Verfügung stellen. Ratlos nahm ich die Wut und ließ mich auf einen Stuhl fallen. „Wo soll ich nur mit dir hin?" überlegte ich laut. „Du machst mir doch alles kaputt!"

„Was müsste ich denn tun, um hier oben bleiben zu können?", hörte ich eine raue Stimme. Ich überlegte. „Dich benehmen."
„Ist nicht drin", schnarrte sie zurück. „Was stattdessen?"
„Verminderte Explosionsgefahr?"
„Kann ich versuchen. Noch was?"

Das ist jetzt einige Wochen her und seitdem wohnt sie bei mir. Spätestens ab Mittag rechne ich damit, dass sie mir über den Weg läuft. Bei Besuch von Freunden oder Verwandten habe ich sie anfangs weggeschlossen, aber danach hat sie so getobt, dass sie jetzt mit dabei sein darf. So wie es aussieht, gewöhnt sich meine Umwelt langsam an die neue Mitbewohnerin, die oft nur da sitzt und zuhört und dann manchmal von jetzt auf gleich laut wird. Seit gestern steht sogar ihr Name mit auf dem Klingelschild.

* * *

Wut ist für harmoniebedürftige Menschen ein schwieriges Gefühl. Wut gilt oft als Zeichen für Unbeherrschtheit oder die Unfähigkeit, ein Problem in Ruhe zu betrachten. Ein Mensch, der wütend wird, handelt oft irrational, laut, unbequem. Dies alles scheinen gute Gründe zu sein, nicht wütend zu werden. Viele kennen das aus ihrer Kindheit: ein stilles oder lachendes Kind bekommt Zuneigung, ein wütendes Kind erfährt eher Abneigung. Die Grundregel, die wir aus dieser (oder einer späteren) Erfahrung ableiten, lautet: wenn ich wütend bin, wendet sich das Gegenüber von mir ab.

Mehr noch als andere Gefühle ist das Gefühl von „Wut" meist mehrschichtig: es gibt einen akuten Grund (zum Beispiel, dass eine Freundin eine Verabredung vergessen hat). Und es gibt einen älteren Auslöser (zum Beispiel, dass die Eltern früher ihre Versprechen immer wieder nicht eingehalten haben). Die vordergründige Wut, die sich in diesem Fall gegen die Freundin richtet, wird unterstützt und aufgewühlt durch die (meist nicht mehr präsente) alte Wut, in diesem Fall auf die Eltern. Wir merken in einer solchen Situation möglicherweise, dass die aufkochende Wut eigentlich zu stark ist für die akute Situation, dazu kommt die Angst vor dem Sympathieverlust – und so stecken wir die Wut ganz zurück, murren vielleicht ein wenig oder machen ‚gute Miene zum bösen Spiel'.

Was hier nur knapp erläutert wurde, führt zu der Frage, wo die Wut bleibt, wenn sie nicht nach außen getragen wird. Es gibt die Wut im Bauch: dann bleibt das Gefühl im Körper und äußert sich möglicher Weise in entsprechenden Symptomen. Es gibt die Umwandlung in Aggressionen: zum Beispiel der Tritt gegen einen Gegenstand. Andere wenden die Wut anstatt nach außen gegen sich selbst: die Folge kann ein Gefühl von depressiver Verstimmung sein bis hin zu dem Bedürfnis nach Selbstverletzung. Wenn wir davon ausgehen, dass Wut nun mal da ist, brauchen wir bessere Möglichkeiten, wie wir sie äußern können – ohne Angst vor Liebes- oder Kontrollverlust und ohne uns selbst zu schaden.

Ein erster Schritt ist es anzuerkennen, dass man wütend ist. Gerade diejenigen, die als Kind gelernt haben, dass Wut, Wutanfälle oder Trotz sich nicht gehören, tun sich schwer damit zuzugeben, dass auch sie dieses ‚böse' Gefühl erleben. Für den zweiten Schritt – die Frage „was mache ich jetzt mit dieser Wut, die ich wahrnehme?" – gibt es verschiedene Möglichkeiten, die davon abhängen, was wir erreichen möchten. Ist es uns wichtig, dass die Wut an denjenigen geht, der sie vermutlich ursprünglich ausgelöst hat? Wollen wir dem körperlichen Druck Luft machen, der sich bei dem Gefühl von Wut aufstaut? Ist es uns sicherer, wenn wir dieses Gefühl in seiner Wucht nicht wirklich wahrnehmen, sondern vorsichtshalber in ein anderes umwandeln?

Was auch immer wir tun: es könnte passieren, dass wir für unsere Umwelt (vorübergehend) unbequem werden, weil wir unseren Unmut äußern oder sichtbar machen. Es kann daher wichtig sein, sich eine innere Erlaubnis für das neue Verhalten zu erteilen und sich zu verdeutlichen, dass Wut zum Menschen dazugehört. *Eine* wütende Reaktion vernichtet noch lange nicht die Sympathie des Gegenübers: Wir können uns getrost auf die Substanz unserer Beziehungen verlassen.

Einladung zum nächsten Schritt

Denken Sie an Ihre Wut bzw. an denjenigen oder an das, was Sie wütend macht. Wie groß ist Ihre Wut?

1 = sehr gering   ...   10 = enorm groß!

1	2	3	4	5	6	7	8	9	10

Die folgenden Übungen können Sie alle ausprobieren oder Sie suchen sich eine heraus, die Sie besonders anspricht. Ziel ist es herauszufinden, was Sie mit Ihrer Wut anstellen können. Überprüfen Sie die Wirksamkeit der Übung, indem Sie jeweils noch einmal den (neuen) Wert in der Skala ankreuzen.

Nehmen Sie ein möglichst dickes Kissen, denken Sie weiterhin an Ihre Wut und schlagen Sie auf das Kissen ein. Achten Sie bitte darauf, dass Sie selbst dabei nicht zu Schaden kommen!
Sie können auch ausprobieren, auf dem Bauch liegend in das Kissen hinein zu brüllen. Keine Sorge: durch das Kissen wird der Schall sehr gedämpft, sie werden also niemanden damit erschrecken.
Was hat sich geändert?

_____

Wie groß ist Ihre Wut jetzt gerade?

1 = sehr gering   ...   10 = enorm groß!

1	2	3	4	5	6	7	8	9	10

Denken Sie an denjenigen oder an das, was Sie wütend macht. Nehmen Sie sich ein Blatt Papier und schreiben auf bzw. sprechen Sie laut aus, was Sie so wütend gemacht hat.

Lesen Sie sich Ihre Gründe noch einmal durch und überlegen nun, welche früheren Erfahrungen es gibt, die Sie daran erinnern, und die dieses Gefühl möglicherweise ausgelöst oder verstärkt haben.

_____

_____

Wenn Sie könnten: wem würden Sie Ihren Unmut gerne äußern? Dem „akuten" oder dem ursprünglichen Verursacher?

_____

Wenden Sie sich demjenigen in Gedanken zu und teilen Sie ihm diese Wut mit. Wie groß ist Ihre Wut jetzt gerade?

1 = sehr gering ... 10 = enorm groß!

1	2	3	4	5	6	7	8	9	10

c) Was spricht für Sie dagegen, wirklich wütend zu werden? Schrieben Sie ein bis zwei Sätze auf ein Papier.

Legen Sie nun dieses Papier vor sich auf den Boden und treten Sie zwei bis drei Schritte zurück. Schauen Sie von dort aus auf Ihre Gründe und formulieren Sie eine persönliche Erlaubnis, dass Sie dennoch wütend werden dürfen:

Beispiel: Unserer Freundschaft wird es gut tun, wenn ich meine Wut zeige, denn durch Reibung entsteht Wärme.

_____

_____

Wie groß ist Ihre Wut jetzt gerade?

1 = sehr gering ... 10 = enorm groß!

1	2	3	4	5	6	7	8	9	10

Auszeit

Auftakt

Nach einschneidenden Erlebnissen geht das Leben geht eben *nicht* einfach weiter und in (Nach-)Ausnahmezuständen wieder am Leben teilzunehmen, kann quälend sein. Menschen, die schwer in einen emotionalen Ruhezustand zurückfinden, sollten dies als Eigenschaft akzeptieren und sich nach aufwühlenden Ereignissen eine angemessene Auszeit ermöglichen – ungeachtet dessen, was die Umgebung darüber denkt.

Mimosen

„To handle with care" stand auf dem Paket und entsprechend vorsichtig packte ich die Mimosen aus. Zwei kleine Pflänzchen, eingewickelt in feuchtes Zeitungspapier. Ich topfte sie ein und stellte sie auf die Fensterbank.

„Herzlich Willkommen", flötete ich. Aber nichts geschah. Beide hielten ihre Blätter fest verschlossen wie Kinder, die die Augen zusammen kneifen und dann glauben, dass niemand sie sieht.

Am nächsten Morgen schlich ich zu ihnen. Immer noch verschlossen. Ratlos wandte ich mich an den nebenstehenden Lavendel. Der aber hing wie jeden Morgen seiner Sehnsucht nach der Provence nach, und ich setzte mich auf die Terrasse und tat das gleiche.

Am Mittag dann endlich hatten sich die Mimosen geöffnet. Freundlich blickten sie sich in der Küche um, hielten ihre Blätter in die Sonne und beobachteten mich.

„Wonach entscheidet Ihr denn, wann genug ist mit Schmollen?", erkundigte ich mich. Sie starrten mich an.

„Schmollen?", wiederholte die eine.

„Entscheiden?", wunderte sich die andere.

‚Pflanzen!', verdrehte ich innerlich die Augen. „Na, wenn Ihr euch so wie gestern Abend zurück zieht, wegen Transport und neuer Umgebung und so: Was muss passieren, damit ihr euch wieder öffnet?"

Sie wippten mit ihren schmalen Zweigen.

„Wir haben nicht geschmollt. Das war halt ein aufwühlender Tag", begann die linke. „Und nach so was ziehen wir uns zurück und ruhen uns aus", setzte die rechte fort.

„Da müssen wir nichts entscheiden. Das kommt von ganz alleine. Muss man nur abwarten", ergänzte die linke.

„Ist doch klar!", plapperte die andere. „Ihr seid doch auch manchmal traurig..."

„.. oder wütend..."

„... oder überfordert!"

Und nun, beide im Chor: „Was macht ihr denn dann, bitte?"

Ich stutzte einen Moment. „Na, solche Extrawürste sind bei uns nicht drin. Eine Stunde oder zwei, dann muss auch wieder gut sein."

Neugierig stupste ich den Lavendel wach. „Was machst du denn, wenn du mal deine Ruhe brauchst?"

Er blickte mich aufmüpfig an. „Ruhe brauch ich nicht. Aber wann steigt denn hier die nächste Gartenparty?"

„Pass bloß auf!", mahnte ich. „Sonst kommst du schneller in ein Duftsäckchen als du glaubst, und dann landest du bei den alten Stofftieren."

Als Kind hatte man sein Kuscheltier. Das nahm man in den Arm und es roch vertraut. Selbst im dichtesten Menschengetümmel: Mit diesem Tierchen war da ein klein wenig Geborgenheit und das trug man stets mit sich herum. Gerade wollte ich den beiden Mimosen davon berichten. Aber die schlafen schon wieder.

* * *

Es gibt Ereignisse, die uns erschüttern oder aufwühlen. Eine beendete Beziehung, harsche Kritik vom Chef, der Tod eines Menschen: Was uns aus dem Gleichgewicht bringt, ist von Mensch zu Mensch unterschiedlich. Für den einen sind es die ganz großen Ereignisse, ein anderer wankt bereits bei einer ungewöhnlichen Situation. In jedem Fall brauchen wir nach einem Ereignis, das uns aus der Bahn geworfen hat, Zeit, um das Geschehene zu verdauen. Unser Inneres gleicht dann einem See, in den ein riesiger Brocken geworfen wurde, so dass mächtig Staub aufgewirbelt wurde. Und es dauert, bis das Wasser wieder klar wird.

Die Umgebung hat oft eine sehr genaue Vorstellung davon, wie lange so ein Rückzug dauern darf – und nach Ablauf dieser Frist entstehen Sätze wie „irgendwann muss aber auch mal gut sein" oder „der soll sich mal nicht so hängen lassen, das Leben geht ja weiter!" Diese von außen gesetzte Zeitspanne akzeptieren wir oft so, als sei es unsere eigene Vorgabe. Dann passiert es, dass wir uns zu einem Zeitpunkt, an dem wir eigentlich noch trauern oder unsere Wunden lecken würden, selbst frühzeitig in die Normalität zurück drängen.

Die Zeit, die jemand braucht, um über etwas hinwegzukommen, ist individuell. Das hat mit vielen Faktoren zu tun: Welche alten Wunden wurden aufgerissen? Welche Methoden hat jemand zur Verfügung, um sich in einer solchen Phase selbst aufzubauen? Wie stark oder schwach ist das gesamte System (Körper, Kopf, Seele)? Wie viel Zeit am Stück hat man, um sich Gefühlen wie Wut oder Trauer zuzuwenden? Gibt es also Erfahrungen, auf die ich zurückgreifen kann? Den Zeitpunkt, wann man sich dem ‚normalen' Leben wieder zuwenden kann, erkennt man meist sehr genau. Die Anzeichen für den Übergang sind oft schon vorher wahrzunehmen. Das sind z.B. erste Zukunftspläne, leise Vorfreude auf ein Arbeitsprojekt oder Sehnsucht nach einem neuen Partner. Sobald man diese Zeichen wahrnimmt, kann man beginnen, auf die anderen inneren Stimmen zu hören wie „So langsam hab ich Lust, mal wieder unter Leute zu gehen" oder „Beim nächsten Mal wehr ich mich, das wollen wir doch mal sehen!"

Die Erlaubnis zum Rückzug kommt also von außen ebenso wie von innen. Um die äußere Erlaubnis können wir unsere Umgebung bitten oder aber wir machen uns so frei wie möglich von deren Vorgaben. Die innere Erlaubnis geben wir uns selbst, und sie hat viel damit zu tun, wie viel Trost und Fürsorge wir uns zugestehen. Meist ist es schwer möglich, einfach mal ein paar Tage, Wochen oder Monate zu verschwinden. Dann ist es umso wichtiger, sich kleine Auszeiten zu schaffen, die man bewusst für die „Rekonvaleszenz" nutzt. Das können zehn Minuten vor dem Einschlafen sein, die Zeit beim Duschen oder eine Stunde Spazieren gehen in der Woche.

Einladung zum nächsten Schritt

Notieren Sie Ereignisse aus Vergangenheit und Gegenwart, die Sie aufwühlen oder erschüttern. Wählen Sie sowohl kleinere als auch einschneidende Erlebnisse. Tragen Sie diese in die linke Spalte ein.

Ereignis	Benötigte Zeit des Rückzugs

Schreiben Sie nun in die rechte Spalte, wie lange es vermutlich dauert, bis Sie wieder mit Leichtigkeit am Leben teilnehmen können.

Beginnen Sie mit den Reaktionen Ihrer Umgebung: welche missbilligenden Reaktionen Ihrer Umwelt vermuten oder kennen Sie, wenn Sie sich Ihre eigene Zeit für den Rückzug nehmen? Schreiben Sie in Klammern ggf. dazu, wer diese Meinung äußert.

_____ (_____)

_____ (_____)

_____ (_____)

Welche Reaktionen Ihrer Umgebung gibt es, die Ihnen Ihre Zeit zugestehen?

_____ (_____)

_____ (_____)

_____ (_____)

Horchen Sie nun sehr genau auf Ihre eigenen fürsorglichen und tröstlichen Stimmen oder Gedanken. Was meinen die zu ihrem Rückzug?

_____

_____

_____

Mal angenommen, Sie können sich nach einem aufrüttelnden Erlebnis nicht richtig zurückziehen.
Welche Orte, Situationen oder Maßnahmen haben Sie, in denen Sie sich geborgen, getröstet oder einfach in Ruhe gelassen fühlen?
Beispiel: Badewanne; Lieblingsmusik X hören; im Wäldchen spazieren gehen

_____

_____

_____

Beobachten Sie zusätzlich in nächster Zeit genauer, wann und wo es Ihnen besonders gut geht: dies können weiter Hinweise auf Rückzugs- oder Trostmöglichkeiten sein.

Basteln Sie sich aus diesen Orten oder Situationen sowie aus Ihren fürsorglichen Stimmen (s. oben) ‚Aktionskärtchen'. Sobald Sie merken, dass etwas Sie aufgewühlt oder verletzt hat, ziehen Sie eine dieser Karten – und befolgen Sie Ihren eigenen Tipp.

Heile Welt

19

> **Auftakt**
>
> Es gibt keine heile Welt, aber es gibt die Sehnsucht danach. Wer die heile Welt zum eigenen Lebensziel macht, kann an der Vergeblichkeit seiner Vision verzweifeln. Menschen hingegen, die eine solche Idealvorstellung ablehnen, verlieren möglicherweise den Bezug zur eigenen Sehnsucht. Der realistische und gleichzeitig augenzwinkernde Umgang mit Realität und Traumwelt ermöglicht einen gelassenen Blick auf das unerreichbare Paradies.

Bilderbuch

Entmutigt stellte er seinen Koffer ab. Seit Langem hatte er sich auf dieses Wochenende gefreut. Er war erschöpft und wollte sich einfach nur erholen. Im Internet war er auf das Angebot gestoßen und hatte ohne lange zu überlegen gebucht. Und nun stand er vor dieser sommersprossigen Frau in ihrem Blümchenrock und sie verzog entschuldigend das Gesicht.

„Tut mir Leid", sagte sie. „Wenn Sie Realist sind, darf ich Sie nicht rein lassen. Dies ist geschütztes Gebiet."

Er erblickte durch das große Fenster zwei lachende Frauen, dahinter ein Paar, das Arm in Arm am Fenster stand, am Rand saß ein alter Mann und hörte lächelnd dem Buben zu, der vor ihm saß. Alles genau so, wie er es sich erhofft hatte.

„Und wenn ich nichts kritisiere?", versuchte er sie zu überreden.

Sie grinste. „Das trauen Sie sich zu?"

Er zögerte. Einen Tag ausruhen. Nichts denken, hinterfragen, keine vernichtenden Wahrheiten. Einen Tag nur.

Kurze Zeit später betrat er, begleitet von der Sommersprossigen, die Heile Welt. Die Sonne schien und auf der Wiese saß eine Familie und picknickte.

Und die restlichen 364 Tage im Jahr kommt er spät abends nach Hause und sie versauert in ihrem ach so schönen Häuschen auf dem Lande, ging es ihm durch den Kopf. Die vier auf dem Rasen schienen innezuhalten, als hätten sie seine Gedanken gehört. Dann aber winkte die Mutter zu ihnen herüber. „Wir haben noch Kuchen übrig", rief sie. „Mögt ihr?"

Als säße ich in einem Bilderbuch, wunderte er sich kurze Zeit später. Die Frau vom Empfang lachte ihn an und er überlegte, ob sie nicht miteinander glücklich werden könnten. Dann würden sie sich einen Bauernhof kaufen, irgendwo im Grünen. Vielleicht könnten sie seine Mutter zu sich nehmen, die langsam immer tütteliger wurde. *Meine Mutter zu uns nehmen?!*, fuhr er zusammen. *Bin ich noch recht bei Trost? Das geht zwei Tage gut. Ach, was sag ich – zwei Stunden!*

Seine Begleitung betrachtete ihn amüsiert. „Und, wie geht's dem Ratio – alles noch im Griff?" Er fühlte sich ertappt. „Das Schlimme ist", antwortete er. „das es hier ganz schön schön ist."

Die Mutter, die ihrer müden Tochter durch die Haare fuhr, blickte auf. „Ach, sind Sie im wahren Leben Realist?" Er nickte.

„Oh." Erschrocken blickte sie auf das Kind, das sich in ihren Schoß kuschelte. „Also, ich weiß nicht, ob es dann so gut ist..."

Da erschrak er. „Ich bin auch ganz still. Lassen Sie mich einfach nur heute... eine kleine Weile..."

Am nächsten Morgen packte der Realist seinen Koffer. Zweifelnd blickte er in den Saal, in dem der Alte, mit dem er gestern noch bis spät in die Nacht Schach gespielt hatte, saß und ihm zuwinkte. Dann gab er sich einen Ruck und ging zu der Frau an der Rezeption, die leise vor sich hin summte. „Hat es Ihnen gefallen?", wollte sie wissen.

„Schon. Aber die Realität sieht nun mal anders aus", antwortete er und zwinkerte ihr zu.

* * *

Der Wunsch nach der heilen Welt ist weit verbreitet – und oft verpönt. Diesem Wunsch wird fehlender Realitätssinn, überhöhtes Harmoniebedürfnis oder auch unkritisches Denken vorgeworfen. Wer als aufgeklärter Mensch gelten möchte, verbirgt daher, so scheint es, besser seinen Wunsch nach einer heilen Welt.

Diesem Wunsch liegt eine Sehnsucht zugrunde, die genährt wird durch entsprechende Darstellungen in Kino, Fernsehen, Büchern. Man mag über diese Bilder spotten – die glückliche Familie, Naturidylle und Fachwerkhaus oder attraktive lachende Menschen. Interessant ist aber das, wofür diese Bilder stehen: Nach was hat man Sehnsucht?

Die glückliche Familie kann zum Beispiel stehen für Menschen, auf die man sich verlassen kann und die einen lieben, so wie man ist. Die Naturidylle kann der Wunsch sein, wieder einen weiten Blick zu bekommen und die Gedanken schweifen zu lassen. Ein Fachwerkhaus mag das Bild sein für ein Zuhause, in dem es Möglichkeiten zum Rückzug gibt. Und wer lachende Menschen um sich hat, der wird vorübergehend abgelenkt von aktuellem Kummer. Dies alles sind nachvollziehbare Wünsche.

In den meisten Fällen ist es nicht hilfreich zu versuchen, sich die heile Welt auf Teufelkomm-raus aufzubauen. Denn in Familien gibt es nun einmal Streit bis hin zur Scheidung, Fachwerkhäuser haben oft eine schlechte Bausubstanz, und hin und wieder miteinander zu lachen ist keine Garantie für eine verlässliche Freundschaft. Unser Realitätssinn leistet gute Arbeit, wenn er uns davor bewahrt, aus lauter Sehnsucht zu große Scheuklappen aufzusetzen. Stattdessen kann der Heile-Welt-Sehnsüchtige genauer schauen, was ihm fehlt und sich daran machen, diese Lücke aufzufüllen. Menschen, die einen lieben, so wie man ist, ein Zuhause mit Rückzugsmöglichkeiten, Ablenkung von Kummer: all das lässt sich realisieren.

Manchmal aber ist die Sehnsucht noch stärker als das Machbare. Dann gibt es die Möglichkeit des vorübergehenden „So-tun-als-ob". Nichts spricht dagegen, einen Tag lang alle Streitigkeiten unter den Teppich zu kehren, einen Ausflug in die Berge zu machen oder die Nacht in einem nostalgischen Fachwerkhotel zu verbringen. Und währenddessen so zu tun, als sei jetzt tatsächlich alles gut. Auch, wenn das nur ein Pflaster ist: es lindert vorübergehend den Schmerz.

Das hat etwas Kindliches. Und tatsächlich entstehen viele Sehnsüchte in der Kindheit. Dann nämlich, wenn wir all diese Bilder sehen und noch nicht kritisch hinterfragen können. Das ist die Zeit, in der „Mutter-Vater-Kind vor einem Haus mit einem Auto" wirklich etwas ist, was funktioniert und unbedingt wünschenswert ist. Zwar erkennen wir im Jugend- und Erwachsenenalter die Nachteile. Und doch: die frühesten Bilder können so stark nachwirken, dass sie unsere Vorstellung prägen von dem, was „heile" im Sinne von „glücklich" ist. Erst recht, wenn wir als Kind davon nur wenig bekommen haben.

Wer seine Sehnsucht nach einer heilen Welt stillen möchte, der kann also auch zurückschauen und überlegen, welche Bilder er als Kind möglicherweise entwickelt hat – und was davon er heute weiterhin als Wunsch behalten und was er an seine inzwischen gewachsene Erfahrungswelt angleichen möchte.

Einladung zum nächsten Schritt

Wie sieht eines Ihrer Bilder einer heilen Welt aus, das Sie traurig oder wehmütig macht?

_____

_____

_____

_____

Wenn Sie sich das Bild genauer anschauen: was fehlt Ihnen demzufolge (manchmal) in Ihrem Leben?

_____

_____

_____

Wie könnten Sie Ihre Sehnsucht (vorübergehend) stillen und „So tun als ob"?
Beispiel:
„Ich wollte immer am Meer wohnen" = *„Ich fahre für ein verlängertes Wochenende ans Meer!"*
„Mir fehlt es, wieder mit vielen zusammen zu essen" = *„Ich initiiere mit Freunden, dass wir demnächst wieder gemeinsam kochen!"*

_____

_____

_____

Schauen Sie auf das, wonach genau Sie sich sehnen – und erinnern Sie sich an ihre Kindheit. Welche Erfahrungen, Bücher, Erzählungen, Filme oder Werbespots könnten diese Sehnsucht geprägt haben?

_____

_____

_____

Was hat sich daran inzwischen geändert?
Beispiel:

Als Kind wollte ich unbedingt in einer Naturhütte leben. Heute finde ich es wundervoll, in urbanen Straßencafés sitzen zu können!
Als Kind wollte ich immer mit vielen Menschen zusammen wohnen. Heute genieße ich es, nach einem quirligen Arbeitstag meine Wohnung ganz für mich allein zu haben.

_____

_____

_____

Wenn Sie an Ihr Bild einer vermissten heilen Welt denken: wo in Ihrem Alltag gibt es davon kleine Andeutungen?
Beispiel:
Ich wohne zwar nicht in der Natur, aber ich habe einen Park ganz in der Nähe!
Ich habe zwar keine eigene Familie, aber mit meinem Bruder habe ich immer eine tolle Zeit!

_____

_____

Zweifel

20

Auftakt

Die Zukunft ist ungewiss, und man kann sie zweifelnd oder zuversichtlich betrachten. Je höher die Wahrscheinlichkeit scheint, dass etwas in der Zukunft nicht gelingt, desto stärker ist der Zweifel. Dementsprechend taucht dieses Gefühl meist dann auf, wenn man sich vor dem Nichtgelingen fürsorglich schützen möchte. Eine solche Fürsorge aber ist erst dann sinnvoll, wenn etwas tatsächlich misslingt. Zunächst ermöglicht eine zuversichtliche Grundstimmung die lustvolle Gestaltung der Gegenwart.

Sahnehäubchen

Ich öffnete die Tür, ohne vorher durch den Spion geschaut zu haben und erschrak beim Anblick des stirnzerfurchten Hünen, der mir einen Strauß Blumen entgegen hielt.

„Hallo...", dröhnte er.

„Ja, bitte?"

„Ich bin Zweifel", knurrte der Koloss und lugte in meine Wohnung, „und hätte da mal was zu besprechen."

Verdattert trat ich einen Schritt zur Seite. Er marschierte direkt ins Wohnzimmer und kauerte sich in den Plüschsessel.

„Kaffee?", fragte ich über die Schulter hinweg, während ich nach einer Vase suchte.

„Kakao bitte!", sagte Zweifel.

Und so saßen wir dann vor unseren dampfenden Bechern und beäugten einander. In letzter Zeit hatte ich größere Pläne geschmiedet, und nun saß also dieser Kerl da und meinte, mich mit seinen Bedenken zur Vernunft bringen zu müssen. Trotzig starrte ich aus dem Fenster: ich würde bestimmt nicht fragen, worum es ging – den Anfang musste er schon selbst machen. Endlich beugte er sich vor.

„Du magst mich nicht besonders, oder?", murmelte er.

„Ich..." begann ich. „Ich... doch... ich meine, schon... Also... du hast mich ja auch oft gewarnt... Damit ich vorbereitet bin, wenn... falls... Das war ja manchmal durchaus..."

Er legte den Kopf schief. „Ehrlich?"

Ich stutze. „Klar, Vorwarnung und so. Aber..."

Mein Besuch sah sich um, als hörte er gar nicht mehr zu.

„Gemütlich hier!", sagte er.

„Ja", bestätigte ich. „Danke."

„Weißt du", setzte Zweifel an, „ich sorge jetzt schon seit fast drei Jahrzehnten für dich."

Na super, dachte ich. Soll ich mich jetzt auch noch bedanken?

„Und ganz ehrlich, " fuhr er fort, „immer nur der Bremsklotz zu sein und keine Anerkennung zu bekommen..."

„Also entschuldige mal", fuhr ich auf. „Ohne dich wäre ich schon wer weiß wo in meinem Leben!"

Er grinste. „Ja klar – fragt sich nur, wo. Na, jedenfalls hätte ich jetzt wieder einen Haufen Arbeit vor mir, wo du dir so viel vorgenommen hast."

Ich verschränkte die Arme.

„Aber", fuhr Zweifel fort und holte tief Luft, „ich habe ü-ber-haupt keine Lust dazu." Er setzte seinen Becher ab und schaute mich erwartungsvoll an.

„Wie?", fragte ich. „Was soll das heißen – keine Lust?"

„Ich hab eine Weiterbildung gemacht und jetzt, na ja – ich hab gehört, dass der Job von Zuversicht frei wird."

Ich bemühte mich, cool zu wirken. „Und wer macht dann deine jetzige Arbeit?"

Zweifel griff nach dem Kakao. „Ein paar Stellen müssen doch eh abgebaut werden, oder?"

Ich zögerte. „Und du meinst, den neuen Job bekommst du in den Griff?"

„Wird schon werden", brummte er und schleckte mit seinem Finger die Sahne aus dem Becher.

* * *

Wer sich in eine neue Beziehung begibt, geht ebenso ein Risiko ein wie jemand, der alleine eine Reise plant oder sich selbstständig macht. Gleichzeitig sind dies Momente einer mitreißenden Aufbruchstimmung. Noch einmal ein Wagnis eingehen, etwas Neues probieren, die alten Pfade verlassen! Darin steckt aber auch Ungewissheit über die Zukunft und diese Ungewissheit ist der Startknopf für innere Bedenken.

Überlegungen wie „Aber was passiert, wenn..." haben eine deutliche Bremswirkung. Solche inneren Bedenken sind in erster Linie fürsorglich – sie möchten uns davor bewahren, dass uns etwas zustößt. Sie tun dies jedoch so unbedingt, dass die theoretischen Szenarien unumgänglich scheinen. Die zugrunde liegenden Überlegungen sind beispielsweise, was alles schief laufen könnte und was die Konsequenzen wären. Diese Überlegungen basieren entweder auf eigenen Erfahrungen und zielen dann auf den Wunsch ab, dass etwas, was man schon einmal erlebt hat, einem so nicht noch einmal geschehen möge. Oder sie nähren sich aus dem, was man von anderen gehört oder gelesen hat. In beiden Fällen scheint es, als griffe man auf Fakten zurück – jedoch auf Fakten aus der

Vergangenheit oder aus dem Leben Anderer. Diese Überlegungen sind demzufolge nur *Vermutungen* über die eigene Zukunft.

In der Bedenkenphase unterscheiden wir manchmal nicht zwischen Möglichkeit und Wahrscheinlichkeit. Dass etwas Schlimmes passiert, ist *immer* möglich. In einigen Fällen sogar wahrscheinlich. In vielen anderen Fällen nicht vorhersagbar. In dem Moment aber, in dem unsere inneren Bedenken anspringen, sind wir von der negativen Wendung überzeugt – weil wir sie in diesem Moment so klar vor Augen haben, dass wir sie spüren („wie fühlt es sich an, wenn er mich verlässt... wenn ich keine Unterkunft bekomme... wenn ich das neue Unternehmen gegen die Wand fahre") – und was wir spüren, hält unser Bewusstsein in dem Moment für Realität. Hieraus entwickeln die Bedenken ihre Bremswirkung. Wenn wir so klar fühlen, wie die negative Wendung sein wird, und wenn das geradezu unumgänglich scheint – wozu sollten wir dann das Risiko eingehen?

Mit dieser Vorahnung werden wir kaum etwas Neues wagen. Mehr noch: selbst in Situationen, in denen wir restlos glücklich wären, schauen wir besorgt auf das, was kommen könnte – und dunkeln damit die Situation ein. Weil sie für uns Sorge tragen, haben die Bedenken oft ein starkes Gewicht und ziehen unseren Blick geradezu magnetisch auf sich. Wenn es gelingt, diesen Sog zu unterbrechen, wird es zum einen möglich, auch die andere Seite zu betrachten (nämlich: was wäre denn, wenn es gelingt? Wenn es so bleibt?). Zum anderen kann man sich mit den Bedenken auseinandersetzen und schauen, woher sie kommen (eigene Erfahrungen oder vom Hören-Sagen?) und wie realistisch sie sind.

Schließlich gibt es unangenehme, ärgerliche und traurige Ereignisse, die mit Gewissheit geschehen werden. Ein Urlaub geht zu Ende, geliebte Menschen sterben, der nächste Arbeitsauftrag wird anstrengend. Sicher: wenn wir sehr oft an dieses unangenehme zukünftige Ereignis denken, wappnen wir uns schon einmal. Und doch: es geschieht in jedem Fall. Wir können nichts daran ändern. Wir können lediglich unsere inneren Bedenken so leise stellen, dass wir, solange noch alles gut ist, diese Zeit auch genießen

Einladung zum nächsten Schritt

Bei welchem Vorhaben haben Sie derzeit Bedenken?

_____

Schreiben Sie die Bedenken wortwörtlich auf: wovor *genau* warnt Ihre innere Stimme?
Die Kästchen am Ende der Zeilen füllen Sie im folgenden Schritt aus.

_____ ☐

_____ ☐

_____ ☐

Woher stammen diese Bedenken überwiegend? Schreiben Sie den Buchstaben jeweils in das Kästchen hinter Ihren Bedenken.

A) aus eigener Erfahrung aus der Vergangenheit

B) aus Berichten, die ich von Anderen, in der Presse oder im Fernsehen gehört bzw. gelesen habe

C) eigene Spekulationen über die Zukunft

Bei A) → Was könnten Sie dieses Mal anders machen?

_____

Bei B) → Was unterscheidet Sie (und sei es nur ein Detail) von den Menschen, über die berichtet wurde?

_____

Bei C) → Wie könnte eine positive Zukunftsspekulation lauten?

_____

Stellen Sie sich vor, Sie sollen einen Zeitschriftenartikel über Ihr ‚Zweifel'-Thema schreiben, und Ihnen fehlen statistische Daten – Sie müssten also schätzen: Wie wahrscheinlich ist es, dass die negative Wendung eintritt?

0 %	10 %	20 %	30 %	40 %	50 %	60 %	70 %	80 %	90 %	100 %

Mehr als 50 % → Was können Sie selbst tun, um die Wahrscheinlichkeit zu senken?
Beispiel: „Ich habe eine Ausbildung angefangen und befürchte, dass ich sie nicht bis zum Schluss finanzieren kann."
Was kann ich selbst tun? „Ich frage eine Freundin, ob Sie mir im Notfall einen Kredit geben könnte."

_____

Es wird ein Film darüber gedreht, wie Sie Ihr Vorhaben trotz aller Bedenken meistern. Wie lautet der Titel?
Beispiel: Sie sind aufs Land gezogen und haben Sorge, dass Sie dadurch Freundschaftskontakte in der Stadt verlieren. Filmtitel: Stadt, Land, Freundschaft

_____

Trotz schwieriger Zukunft genießen
Was macht Ihnen zurzeit Kummer, wovon Sie wissen, dass es in jedem Fall eintreffen wird?

Konzentrieren Sie sich nun auf den gerade aktuellen Moment. Das Ereignis ist noch nicht eingetroffen. Jetzt gerade ist alles in Ordnung. Was tun Sie, um das künftige Ereignis so lange wie möglich aus Ihrem gegenwärtigen Leben herauszuhalten?
Beispiel: Immer, wenn ich daran denke, wie anstrengend es wird, schaue ich nach oben in den Himmel und gucke, was dort jetzt gerade für Wolken sind.

Neuanfang

21

Auftakt

Aller (Neu-)Anfang ist schwer – das gilt auch für Verhaltens- und Denkweisen. Die alten Muster sind oft so eingefahren, dass sie einen immer wieder einholen. Der Wunsch, von jetzt an alles besser zu machen, erschwert den Start zusätzlich: Perfektionismus kann eine starke Bremswirkung haben. Einfacher ist es, erst einmal anzufangen und anfängliche Patzer und Rückfälle vor sich selbst und der Umgebung auch mal unter den Teppich zu kehren.

Kompost

In der Grundschule gab es immer nach den Sommerferien neue Schulbücher, die verführerisch rochen und in Folie eingeschlagen wurden.

Diese Bücher in Empfang zu nehmen war so feierlich, wie der erste Spaziergang in neuen Schuhen. Noch toller aber waren die Schreibhefte. Blanke weiße Seiten, nachdem doch das letzte Heft in heillosem Durcheinander und mit diversen durchgestrichenen Stellen geendet war. Diesmal aber, ja diesmal würde ich das gesamte Heft sorgfältigst behandeln und zum Schluss bekäme ich auf der letzten Seite einen großen Smiley von der Lehrerin.

Und ich begann die erste Seite in meiner schönsten Sonntagsschrift und mit zweifarbig mit dem Lineal unterstrichenen Überschriften. So, genau so würde ich das ganze Heft führen und diesmal würde es mir ganz gewiss gelingen! Es gab Mitschüler, die hatten noch keinen einzigen Tintenfleck in ihrem Heft, wenn ich schon das Kleingeld zählte, um mir heimlich ein neues zu kaufen.

Mit ähnlicher Ehrfurcht begegne ich meist dem Neujahrstag, nur mischt sich hier noch die Angst des Schreibenden vor dem leeren Blatt Papier dazu. Da liegt es vor mir, das neue Jahr, blank und ungefüllt, mit allen Chancen, mit Schnörkeln und doppelten Unterstreichungen. Und gleichzeitig blicke ich ratlos auf die weiße Fläche. Womit anfangen? Was, wenn das erste Vorhaben ein absoluter Fehlgriff wird? Und wovon wird es handeln, das neue Jahr, das, zu Hilfe!, ganz allein von mir gestaltet wird. Und wenn am

Anfang schon durchgestrichen wird – wie soll das bloß enden? Entsprechend dankbar war ich für den Hinweis einer guten Freundin, dass man die ersten zwei bis drei Wochen eines jeden Jahres notfalls auf den Misthaufen des vorherigen schaufeln darf. Merkt kein Schwein! Mehr noch: was auch immer man auf diesen Haufen baggert, kann anschließend wertschöpfend kompostiert werden. Und während ich mich gen März daran mache, neue Pläne zu säen, wird aus den Abfällen der Vergangenheit ein nahrhafter Humusboden, und der Rest versickert irgendwo im Erdreich, und wer weiß, welches Getier sich daran erfreut.

Mitte des Jahres sitze ich eines Feierabends in der Abendsonne und blättere durch mein Jahr. Sonntagsschrift und erste Tintenklekse im vorderen Teil, viele verbleibende leere Blätter im hinteren Teil. Da kann man nicht meckern, und sogar der Umschlag sieht noch ziemlich gut aus. Und wenn ich so weiter mache, dann gibt es auf der letzten Seite ein Smiley. Diesmal, ja diesmal!

* * *

„Noch einmal ganz von vorne anfangen", das ist ein Wunsch, bei dem die Sehnsucht mitschwingt, es dieses Mal besser zu machen. Zwar können wir die Zeit nicht zurückdrehen – aber wir könnten aus unseren bisherigen Erfahrungen ‚ab sofort' gute Konsequenzen ziehen.

Ein Neuanfang – das neue Blatt Papier, eine neue Freundschaft, ein neues Fahrrad – macht Spaß und tut gut. Wir erleben in diesem Moment, wie es ist, zuversichtlich, motiviert und oft mit kindlichem Eifer an etwas heranzugehen. Und allein diese Phase ist es wert, immer mal wieder etwas neu zu beginnen – und sei es auch nur für einen Moment. Täglich gibt es Situationen, in denen wir ‚ganz von vorne' anfangen könnten. Ein Beispiel: Wenn wir einen neuen Menschen kennen lernen, dann weiß dieser noch nichts über unsere Biographie, unsere Interessen, unsere Schattenseiten. Wir können ausprobieren so zu sein, wie wir in *diesem* Moment sind (oder sein wollen): Ein weißes Blatt Papier, auf dem wir nur das zeigen, was wir dem Menschen von uns zeigen *möchten*. Wir könnten also jeden Tag von Neuem überlegen, wie wir (heute) in bestimmten Situationen sein möchten. Wollen wir weiterhin genervt sein, wenn wir in der falschen Schlange stehen? Wollen wir gerne mal auf einer Party tanzen? Oder nicht mehr aus Höflichkeit über jeden noch so flachen Witz lachen? Das alles ist *möglich* – wenn auch mit viel Aufmerksamkeit den alten Gewohnheiten und Reflexen gegenüber und teilweise mit einem hohen Maß an Überwindung.

Sich etwas Neues an- beziehungsweise abzugewöhnen, benötigt üblicherweise mindestens acht bis zehn Wochen ‚Training'. Klingt recht einfach – und ist es manchmal nicht. Der notwendigen Konzentration und Aufmerksamkeit steht unser Bedürfnis nach Entspannung entgegen: In dem Moment, in dem wir uns während der „Trainingsphase" gedanklich oder körperlich entspannen, schleichen sich möglicherweise die alten Gewohnheiten ein. Da pflaumt man dann doch wieder den Partner an oder zieht sich auf einer Party in die Ecke zurück. Wie ein Tintenklecks im Heft. Wer von sich verlangt, (von nun an) fehlerlos zu sein, richtet seine Aufmerksamkeit vor allem darauf, Fehler zu vermeiden. Die Lust am Ausprobieren kann unter diesem Druck schnell verloren gehen, und sie bleibt erhalten, wenn wir kleine Ausrutscher zurück ins alte Verhalten einfach durchwinken.

Wir tun uns allerdings einen Gefallen, wenn wir unterscheiden zwischen den Ereignissen, die nicht mehr rückgängig zu machen sind und solchen, die wir immer wieder neu beginnen und ändern können. Was in welche Kategorie gehört, ist von Mensch zu Mensch unterschiedlich. Ein Haus ist abgebrannt? Der eine baut ein neues, der andere wohnt von da an nur noch in Mietwohnungen. In der Beziehung gibt es ein Streitthema? Das eine Paar sagt: „Da kommen wir nicht mehr raus, das ist zwecklos", das andere Paar vermutet: „Wenn einer von uns anfängt, anders zu reagieren, kann es schon besser werden." Wichtig ist, mit den Konsequenzen der Entscheidung einverstanden zu sein. Wenn etwas nicht mehr zu ändern ist: Gut zu wissen! Dann nehme ich es hin, wie es ist (ich kann ja eh nichts mehr daran tun). Wenn etwas „noch mal ganz neu" begonnen werden kann: Prima! Dann versuche ich es!

Einladung zum nächsten Schritt

1. Beschreiben Sie auf einem Blatt Papier einige ihrer verändernswerten Angewohnheiten. Schreiben Sie so, wie Sie mögen: in ganzen Sätzen oder stichwortartig.
2. Lesen Sie sich Ihren Text noch einmal durch. Nehmen Sie dann das Blatt und lassen es zu Boden gleiten oder bringen es zum Altpapier.
3. Nehmen Sie ein neues Blatt Papier und schreiben darauf, wie es besser wäre... gewesen wäre... wie Sie sich eigentlich verhalten möchten...
4. Nehmen Sie sich das zweite Blatt noch einmal vor und machen Sie zu den neuen Verhaltensweisen eine Liste, was Sie rein theoretisch tatsächlich konkret einmal anders machen könnten.
5. Kreuzen Sie an, was sie realistischer Weise in den kommenden zwei Wochen an neuen Verhaltens- oder Denkweisen *ausprobieren* könnten.
6. Suchen Sie *eine* Sache aus, zur der Sie Lust haben, sie tatsächlich einmal auszuprobieren.

Wie könnte Ihre Erlaubnis für einen Neuanfang lauten?
Beispiel: „Ich darf das jederzeit noch mal versuchen, ganz so, als sei vorher nichts gewesen!"

_____

_____

Sprechen Sie sich Ihren Satz vor bzw. lesen Sie ihn noch einmal: Klingt er richtig und fühlt er sich gut an? Falls nicht, passen Sie ihn an, bis er für Sie stimmt.

Wie werden Sie sich künftig, wenn Sie Ihren Neuanfang probieren, an diesen Satz erinnern?

Bauchgefühl 22

Auftakt

Mit dem Kopf oder aus dem Bauch heraus – wer mit dem Verstand entscheidet, hat meist vor sich und anderen die besseren Argumente. Eine Bauchentscheidung hingegen gilt als weniger gute Grundlage. Dabei basieren sowohl Kopf- als auch Bauchargumente auf Erfahrung und Wissen. Die Unterscheidung zwischen Kopf und Bauch übersieht das Potenzial, das entsteht, wenn sowohl Verstand als auch Gefühl bei Entscheidungen hinzugezogen werden.

Partner für's Leben

Manchmal hat mein Bauch Kopfschmerzen. Der arme Kerl ist dann unruhig und meist auch etwas missmutig.

„Bauchgefühl", grummelte er neulich. „Wenn ich das schon höre. Von wegen ‚Einfach so, ohne nachzudenken' ".

„Aber ...", versuchte ich einzuwenden, doch er ließ sich nicht unterbrechen.

„Das möchte ich mal wissen, wer in seinem Leben so viel lernen muss wie ich! Allein schon, dass ich sowohl als Körperteil als auch als Seelenmelder zu funktionieren habe. Ha! Davon kann der Kopf sich mal eine Scheibe abschneiden! Bauchgefühl. Das ich nicht lache! Da steckt stundenlanges Auswendiglernen hinter: Was tut gut, was nicht? Was muss ich sofort melden und was erst einmal abwarten? Was kann umgewandelt werden und was muss sofort wieder raus?"

„Geht es jetzt ums Essen oder ums Fühlen?", erkundigte ich mich.

„Na, von mir aus um beides. Ist doch gehupft wie gesprungen!"

Mein Bauch war so aufgewühlt, dass ich nur hoffen konnte, mein Kopf würde ihn bald wieder zur Vernunft bringen. Der hingegen reagierte anders als erwartet.

„Ich bin traurig!", hörte ich es am nächsten Morgen von oben.

„Kann gar nicht sein", wies ich ihn zurecht. „Du bist für die Vernunft zuständig."

„Und wenn meine Trauer aber rational ist?", antwortete er, und ich konnte ja meinem Kopf schlecht widersprechen.

„Was macht dich denn traurig?", fragte ich und strich ihm übers Haar.

„Ich weiß es nicht." (Guck an!) „Das ist einfach so ein Gefühl in meinem Bauch!"

„Du meinst in *meinem* Bauch!"

Er schüttelte sich. „Nein, in meinem eigenen."

Und dann hat er über mein Gesicht so sehr lachen müssen, dass er nicht nur seinen Kummer vergessen hat, sondern noch meinen Bauch angesteckt hat und danach waren beide bester Stimmung.

Das ist jetzt einige Wochen her. Demnächst stehen bei mir wieder Wahlen an und wie immer geht es um ‚Bauch' gegen ‚Kopf'.

Dieses Mal soll es angeblich eine große Koalition geben. Die beiden basteln wohl auch schon an einem gemeinsamen Programm, aber wie zu erwarten war, gibt es dabei jede Menge Diskussionen. „Entscheidungen werden künftig nur mit dem Kopf getroffen!", verlangt dieser.

„Nicht mit mir!", protestiert der Bauch. „Und außerdem verlange ich absolute Immunität für Gefühle."

„Nichts zu machen", schimpfte der Kopf. „Gefühle müssen weiterhin begründet werden."

Das kann ja heiter werden, denke ich mir und sofort petzt das der Kopf dem Bauch und der grinst. „Davon kannst du mal ausgehen!", bestätigt er mich, alle Ironie ignorierend. „Das ist nämlich unser beider erklärtes Ziel: Dass es dir gut geht!" Selbst, wenn das nur ein Wahlversprechen ist: damit haben sie mich überzeugt. Und zwar alle beide.

* * *

Wir irren wenn wir meinen, das Bauchgefühl sei rein emotional, nicht begründbar und entsprechend auch nicht wirklich ernst zu nehmen. Das, was in vielen Fällen als irrational abgetan wird, ist oft das Ergebnis von Erfahrungen und deren Auswertung. Im Unterschied zum Kopfwissen ist es beim Bauchgefühl allerdings so, dass wir uns über dessen Wissenszuwachs oft nicht bewusst sind. Wer ein Sach- oder Fachbuch liest, weiß, dass er mit diesen Informationen sein Wissen vorübergehend oder langfristig vermehrt. Das Gleiche gilt für Vorträge, informative Fernseh-, Radio- und Internetbeiträge und für das, was uns aus der Schule erhalten geblieben ist. All diese Informationen haben wir als solche wahrgenommen, wir können bewusst auf sie zurückgreifen und das Wissen bei Bedarf anwenden.

Anders ist es beim ‚Bauchwissen'. Wenn wir beispielsweise eine Erfahrung machen, die uns betrübt, dann speichern wir das Geschehen durchaus analytisch ab: Was waren erste Warnsignale, wann wurde es verletzend, welche Konsequenzen hatte das für mich. Nur sind wir uns dieser Informationen und des damit verbundenen Wissenszuwachses meist nicht bewusst. Und doch: wenn wir später in eine ähnliche Situation geraten, halten wir inne. ‚Da stimmt etwas nicht', lautet das Signal, das uns das Bauchgefühl aufgrund seines Wissensspeichers dann sendet.

Aus dieser Annahme („Das Bauchgefühl basiert auf den Informationen aus eigenen Erfahrungen und dem daraus abgeleiteten Wissen") entstehen zwei wichtige Erkenntnisse:

1. Wir können uns (auch) auf unser Bauchgefühl verlassen.
   Wenn wir etwas „irgendwie im Gefühl" haben, dann ist das ein ernst zu nehmender Aspekt. Auch, wenn man in dem Moment nicht immer weiß, auf welcher Erfahrung dieses Wissen basiert: Es ist ratsam, diesen Impuls mit zur Entscheidungsfindung (oder worum es gerade geht) hinzuzuziehen.
2. Wir sollten uns nicht (nur) auf unser Bauchgefühl verlassen.
   Das Bauchgefühl kann sehr überzeugend sein – und dabei in die Irre leiten. Wenn beim Anblick eines Menschen im grauen Anzug das Bauchgefühl signalisiert „Achtung, Gefahr!", dann basiert das möglicherweise auf der Erfahrung, die man Jahre zuvor mit einem Menschen im grauen Anzug gemacht hat. Der gegenwärtige Mensch aber kann durchaus vertrauenswürdig sein.

Es ist also sinnvoll, sowohl den Kopf als auch den Bauch zu Rate zu ziehen. Mehr noch: Am wirkungsvollsten können wir auf unser *gesamtes* Wissen zurückgreifen, indem wir die beiden Instanzen zusammenbringen.

Wenn der Kopf sagt „Ja. Gute Möglichkeit!" und der Bauch antwortet „Nein. Auf keinen Fall!", ist es sinnvoll, genauer zu betrachten, worauf die jeweiligen Argumente basieren und ob sie für die aktuelle Situation anwendbar sind. Der Bauch ist sehr wohl in der Lage, Fakten zu nennen und der Kopf ist durchaus bereit, sich auf Gefühlshinweise einzulassen. Es handelt sich bei den beiden ja nicht um zwei völlig voneinander getrennte Schaltzentralen. Im Gegenteil: Die Erfahrungen (und damit das Wissen), auf die beide zurückgreifen, gehören zum Leben ein und desselben Menschen. Und so, wie Mitarbeiter mit unterschiedlichen Funktionen zum Erfolg des Unternehmens beitragen, so wollen auch Kopf und Bauch gleichermaßen für „ihren Menschen", dass alles gut verläuft.

Einladung zum nächsten Schritt

Wie schätzen Sie sich ein: sind Sie eher ein Bauch- oder ein Kopfmensch?

☐ Ich bin eher ein Bauchmensch
☐ Ich bin eher ein Kopfmensch

Wie viel hat der „schwächere" Part bei Entscheidungen und ähnlichen Situationen zu sagen?
Wenn Sie eher ein Bauchmensch sind: wie viel hat der „Kopf" bei Entscheidungen dabei zu sagen / Wenn Sie eher ein Kopfmensch sind: wie viel hat „Bauch" bei Entscheidungen zu sagen?

☐ gar nichts
☐ ein wenig
☐ fast die Hälfte

Denken Sie an eine aktuell anstehende Entscheidung.

Wenden Sie sich als erstes Ihrem Kopf zu. Welche Argumente hat er?

Pro:

Kontra:

Wenden Sie sich nun Ihrem Bauchgefühl zu. Welche Hinweise gibt es?

Pro:

Kontra:

Nun wenden Sie sich wieder den Argumenten Ihres Kopfes zu. Welche Gefühle schwingen bei Ihnen mit, wenn Sie dessen sachliche Argumente lesen?

Nehmen Sie sich anschließend die Hinweise des Bauches vor. Welche rationalen Erfahrungen liegen diesen Hinweisen möglicherweise zugrunde?

Stellen Sie sich nun vor, Kopf und Bauch würden wie Mitarbeiter eines Unternehmens zusammen an einem Tisch sitzen, um eine gemeinsame Lösung zu finden. Welche Vorgaben und Kompromissvorschläge bringen die beiden vor?
Hinweis: das kann ein wenig dauern. Lassen Sie sich Zeit und setzen Sie sich mit Bauch und Kopf gegebenenfalls erst nach einer Pause wieder zusammen.

Angenommen, es gäbe eine abschließende Vereinbarung für die anstehende Entscheidung, wie könnte diese lauten?
Beispiel: Ich treffe mich mit X (Kopf) – unter der Bedingung, dass ich gehe, sobald X mich kränkt (Bauch).

Schließen Sie die Augen und stellen Sie sich vor, wie von Ihrem Kopf ein Band oder etwas ähnlich Verbindendes zu Ihrem Bauch geht.

Öffnen Sie kurz die Augen, schließen Sie wieder und probieren Sie nun aus, wie von Ihrem Bauch zu Ihrem Kopf ein Band geht.

Welches der beiden Bilder ist für Sie hilfreicher, wenn Sie an zukünftige Entscheidungen oder ähnliche Situationen denken?

☐ eine Verbindung vom Kopf zu Bauch
☐ eine Verbindung vom Bauch zu Kopf

Alltags- und Lebenskrisen   23

Auftakt

In krisenhaften Lebenssituationen, ebenso wie in der alltäglichen Überforderung, gerät man an die eigenen Grenzen, bis hin zu dem verzweifelten Gefühl: „Ich kann nicht mehr!" Solche Zeiten und Momente gehen an die Substanz, und doch kann jeder sich auf die eigenen körperlichen und emotionalen Kräfte verlassen. Dieses Vertrauen lässt sich verstärken durch den Blick auf bereits überstandene Krisen- und Stresssituationen.

Dong!

„Ich schaff das nicht!" Auf dem Fahrrad, wenn heimwegs Gegenwind aufkommt und man vom Tag schon erschöpft ist. Eine Stunde vor der Prüfung. Vier Wochen Trennung vom Partner. Und vor allem, wenn deutlich wird, welch große Aufgaben das Leben noch bereit hält, täglich, stündlich, und das hört nie auf. Und dann, an einem spätsommerlichen Abend auf dem Balkon denke ich verdutzt: Hab ich ja doch geschafft! Heimweh,
Wurzelbehandlung, Demütigungen, ein Zugabteil voller betrunkener Fußballfans, der Tod eines lieben Menschen. Alles überlebt.

Ich beobachte das Windrädchen, das sich im Balkonkasten im Wind dreht, und erinnere mich, wie ich vor einigen Jahren beim Steuerberater saß und die Bilanz des Vorjahres betrachtete. Rein theoretisch hätte ich davon gar nicht leben können. Das Gute war, dass ich das erst im Nachhinein erfahren habe. Beruhigt will ich mich gerade der Abendsonne zuwenden, da dongt etwas an die Glasscheibe. Dong! Und noch einmal... dong! Eine Hummel wundert sich über die Durchsichtigkeit der Welt. Die Hummel, so sagt man, kann den physikalischen Gesetzen zufolge nicht fliegen. Das Gute ist nur, dass sie das nicht weiß. Was wäre, wenn die Hummel in den ersten Tagen ihres Lebens erst einmal in die Schule ginge, wo sie dann Naturkundeunterricht bekäme, sich nachmittags auf die Waage stellte und mit Hilfe der soeben erlernten Formel beschlösse, das mit dem Fliegen gar nicht erst anzufangen. Das schaff ich eh nicht. Sieht man doch. Zu allem Unglück könnte es geschehen, dass just in diesem Moment eine schlanke Wespe vorbeifliegt und damit wäre ja wohl alles bewiesen. Stattdessen aber schert sich die Hummel einen Kehricht um die Weltformel und fliegt einfach drauf los. Möglich, dass sie am Ende ihres Lebens doch noch erfährt, wie es eigentlich um sie gestanden hätte – aber da hat sie schon an unzähligen honigsüßen Blüten geschnuppert und dann ist es auch egal. Und wer Hummeln im Hintern hat, der hat vielleicht einfach nur diese irrationale Gewissheit, dass das (was auch immer es ist) schon klappen wird, irgendwie.

„Ich kann das alleine!", hat jeder Mensch als kleines Kind im Brustton der Überzeugung geschimpft. Natürlich konnten wir *das* – Erbsen auf Gabeln häufen, Schnürsenkel zubinden, das passende Puzzlestück finden – eigentlich nicht alleine. Aber darum ging es ja auch gar nicht.

* * *

Wir kommen immer wieder an unsere Grenzen. Zumindest fühlt es sich oft so an. Manchmal reicht es schon, wenn einem an einem ohnehin stressigen Tag der Bus vor der Nase wegfährt, es kalt ist und regnet – und dann kommt das Gefühl auf von „Ich schaffe das alles nicht!" Bedrängender wird dieses Gefühl, wenn wir uns in tiefen Krisen befinden. Arbeitslosigkeit, der Tod eines geliebten Menschen oder eine schwere Krankheit können eine so große Last sein, dass wir kaum glauben, sie (er)tragen zu können. Dazu gibt es die Theorie, dass sich im Nachhinein fast jede Krise als etwas Wertvolles herausgestellt hat. Dieses Wissen hilft aber in der schwierigen Situation selbst oft eher wenig. Mehr noch: man grübelt, was denn dieses Wertvolle sein könne, versteht es nicht – und fühlt sich noch ratloser.

Worauf wir uns aber in den meisten Fällen verlassen können ist die Gewissheit, dass wir das Schlimme, was wir gerade durchleben, auch *über*leben werden. Es geht hierbei nicht darum, *wie* wir es überleben – ob erschöpft oder gestärkt, verbittert oder ermutigt. Aber überleben können wir fast alle Schicksale und was auch immer geschieht, gehört eines Tages der Vergangenheit an. Schon allein die Vorstellung, wie es sein wird, wenn alles vorbei ist, kann einen in der Krisensituation für einen Moment ermutigen. Wer gerade in einem fetten Stau steht, der haut auf sein Lenkrad und schimpft „das ertrage ich nicht!" – und wird höchstwahrscheinlich doch einige Zeit später mit 150 weiterfahren können. Und wer gerade eine schmerzhafte Trennung durchlebt, der wird vielleicht immer wieder geschüttelt sein von dem Gefühl „ohne sie / ihn kann ich nicht leben!" – und doch wird es vermutlich eine Zeit geben, in der diese Beziehung für die Gegenwart kaum noch eine Rolle spielt. Das Bedrohliche an einer schwierigen Situation oder Krise ist also nicht (nur) die Lage selbst, sondern der starre Blick auf die absolute Gegenwart. In dem Moment, in dem sich der Blick hinwendet zu einer ‚gelösten' Zukunft, wird die Situation zu einer vorübergehenden Phase.

Erstaunlicherweise gibt es auch Krisen, die wir erst im Nachhinein als solche wahrnehmen. Körper und Geist sind in Ausnahmesituationen in der Lage, alles „abstrahierende Wahrnehmen" auszuschalten und nur zu handeln. Wer sich aus einem brennenden Haus rettet, denkt in dem Moment nicht „das schaffe ich nicht". Den bewussten Gedanken, dass es ums Überleben ging, wird er erst vor dem Haus haben – und dann erkennen, was er gerade durchgestanden hat. Es scheint, als könnten wir uns gerade in schwierigen Zeiten auf einen inneren Autopiloten verlassen.

Erschwerend ist unsere Fähigkeit, über „Schaffen" und „Nicht Schaffen" nachzudenken. Wir haben gelernt, dass wir für vieles in unserem Leben selbst verantwortlich sind, und dass es Ziele gibt, die wir nicht erreichen können. Daraus entsteht der berechtigte Eindruck, dass wir selbst verantwortlich dafür sind, ob und wie wir die uns gestellten Herausforderungen meistern. In vielen Fällen ist dieses Wissen eine gute Motivation. Gleichzeitig steckt darin aber auch die Mitteilung „wenn du es nicht schaffst – selbst schuld!" Und gerade in Zeiten oder Momenten, in denen man bereits überfordert und erschöpft ist, ist diese Selbstkritik kontraproduktiv. Mal angenommen, wir wüssten nicht, dass es überhaupt die Alternative gibt „schaff ich" oder „schaff ich nicht": Wir würden möglicherweise so manche Krise stoischer durchstehen.

Auch hinderlich ist die Vorstellung, dass das *normale* Leben leicht sei und alles, was davon abweicht, demzufolge *nicht* normal ist. Auf das, was nicht normal ist, schauen wir mit erhöhter Aufmerksamkeit. Große Nasen, bunte Häuser, spektakuläre Akrobatik. Mit ebenso erhöhter Aufmerksamkeit starren wir auf die Krisenzeiten unseres Lebens – wenn wir davon ausgehen, dass diese nicht normal sind. Entscheiden wir uns, dass auch diese Momente und Zeiten zum normalen Leben dazugehören, können wir den Blick von ihnen abwenden.

Einladung zum nächsten Schritt

Denken Sie an Ihre akute Krisensituation. Wie hoch ist gerade Ihr Leidensdruck?

1 = sehr gering   ...   10 = kaum noch zu ertragen

1	2	3	4	5	6	7	8	9	10

A)
Wenn Sie den Satz „Ich schaff das alles nicht" denken – was genau ist „das alles"? Was genau glauben Sie, nicht zu schaffen? Versuchen Sie, so genau wie möglich zu definieren.

Beispiele:
Statt „Ich schaffe es nicht, ohne ihn zu leben" → *„Ich schaffe es nicht, gut gelaunt aufzuwachen, wenn er nicht mehr neben mir liegt. Und ich traue mich nicht, allein in den Urlaub zu fahren"*
Statt: „ich schaffe diese ständigen Firmenpräsentationen nicht" → *„Es stresst mich total, immer vor den vielen Leuten zu stehen und Angst zu haben, dass ich auch ja keine Fehler mache."*

Mein „Ich schaffe es nicht" meint:

_____

_____

_____

_____

Was ist eine erste (kleine) Maßnahme, mit der Sie sich ab sofort bei dem, was Sie gerade beschrieben haben, unterstützen können?

Beispiele für Maßnahmen zu den oben genannten Beispielen:
Ich lasse mich morgens nicht mehr mit dem Weckerton sondern mit dem Radio wecken.
Ich plane ein verlängertes Wochenende, an dem ich gute Bekannte mit dem Zug besuche.
Ich mache mir bewusst, dass die eigentliche Präsentation nur fünf Minuten dauert und probiere den Vortrag morgen vor einer Kollegin aus.

_____

_____

_____

Was vermuten Sie: wann wird die Bedeutung, die Ihre aktuelle Sorge für Sie hat, etwas schwächer oder sogar vorbei sein?

In etwa _____

Und noch einmal: Denken Sie an Ihre akute Krisensituation. Wie hoch ist Ihr jetzt gerade Ihr Leidensdruck?

1 = sehr gering ... 10 = kaum noch zu ertragen

1	2	3	4	5	6	7	8	9	10

Hinweis: wenn sich Ihr Leidensdruck im Laufe der Übung etwas verringert hat, können Sie diesen Teil für sich als „Maßnahme gegen Krisengefühle" übernehmen

B)
Nehmen Sie sich ein Blatt Papier und zeichnen Sie drei Flächen: eine für „Glück", eine für „Alltag" und eine für „Krise". Stellen Sie damit die momentane Wahrnehmung Ihres derzeitigen Lebens dar. Sie können die Flächen unterschiedlich groß malen, inhaltlich wiederholen, sich überschneiden lassen, ihnen verschiedene Formen geben, ... Wenn Sie mögen, können Sie auch verschiedene Zeiten betrachten: Wie war es früher? Wie ist es jetzt? Wie wäre es optimal?

Wenden Sie sich nun in Gedanken bewusst Ihrer aktuellen Krisensituation zu und sagen Sie laut oder im Stillen: „Das gehört also auch zu meinem normalen Leben – und jetzt wende ich mich einer alltäglichen Beschäftigung zu."

Und noch einmal: Denken Sie an Ihre akute Krisensituation. Wie hoch ist Ihr jetzt gerade Ihr Leidensdruck?

1 = sehr gering   ...   10 = kaum noch zu ertragen

1	2	3	4	5	6	7	8	9	10

Hinweis: wenn sich Ihr Leidensdruck im Laufe der Übung etwas verringert hat, können Sie diesen Teil für sich als „Maßnahme gegen Krisengefühle" übernehmen.

Die Sorgen Anderer über mich   24

Auftakt

Wer etwas Neues wagt, braucht keine ungefragten warnenden Ratschläge. Die realistisch-kritische Betrachtung eines Vorhabens hat später ihre Berechtigung. Den, der sich in einer Aufbruchstimmung befindet, bremst sie unnötig aus. Jeder kann sich seines eigenen Verstandes bedienen – zu einem angemessenen Zeitpunkt. Die beeinträchtigenden Sorgen der Umgebung darf man in der euphorischen Anfangszeit freundlich, aber bestimmt zurückweisen.

Im Hellen

Ich saß mit meinem Glück in einer Eisdiele, als uns dort eine mit mir bekannte Schattenmacherin entdeckte.

Ich (über mir luftige Schönwetterwölkchen): „Hey!"

Sie (mit fürsorglichem Blick): „Hallo. Wie geht's?"

„Gut... – bei mir ist zurzeit einiges los!"

„Oh, hast Du Stress?"

Hoppla. Da hatte sie also schon mal den Schirmständer in Stellung gebracht, und in meinem Kopf beginnt das Wort ‚Stress' wie eine dicke Taube hektisch herumzuflattern.

Ich: „Eigentlich nicht. Ich hab sogar einen richtig interessanten Job in Aussicht!"

Sie (die Stimme einen Ton tiefer): „Ach Mensch... dann hast du demnächst kaum noch Ruhe für Eisdiele und so?"

Schon bläht sich mein kleiner roter Terminkalender weltmännisch auf und hilft ihr, den Schirm aufzuspannen.

„Naja, Ruhe im Portemonnaie find ich, ehrlich gesagt, ziemlich klasse", versuche ich das Helle zu bewahren.

Keine Reaktion.

„Und dann hab ich auch genug Geld für die Liebe!", füge ich lachend hinzu.

Sie (enorm sorgenvoller Blick): „Ach ja... wie läuft's denn da? Hoffentlich bricht er dir nicht eines Tages das Herz!"

Sonnenschirm, lichtundurchlässig.

Ich (bereits im dunklen Schatten sitzend): „Du weißt doch – mein Herz ist unzerstörbar!"

Sie (leiernd): „Ich mach mir ja nur Sorgen..."
Sonnenfinsternis.

Nachdem mein Glück und ich uns schleunigst aus dem Staub gemacht hatten, waren wir an den See geradelt und hatten dort eine Weile mit den Füßen im Wasser gebaumelt. Anschließend stromerten wir umher und entdeckten dabei am Stadtrand eine jener Werkstätten, in der die Sorgen gemacht werden.

Emsig werkelten dort Menschen, die in Kleinarbeit ihre Sorgen-um-Andere bauten. Und wem das zu kreativ war, der konnte im Außenverkauf diverse Sorgen auf Vorrat kaufen. Mich reizte es, mir direkt auch ein paar Sorgen um einige meiner Freunde zu machen. Aber mein Glück wurde daraufhin enorm misslaunig und als es sich dann noch den Bauch hielt und behauptete, das Eis von eben sei ihm nicht bekommen, verschob ich mein Vorhaben auf einen anderen Tag.

„Wo wärst du eigentlich hin verschwunden, wenn die Schattenmacherin heute morgen Erfolg gehabt hätte?", fragte ich, als wir heimwärts fuhren.

Es trat in die Pedale und schaute stur nach vorne. „Mach dir um mich keine Sorgen – ich hätte mich schon durchgeschlagen", sagte es schließlich.

Ich versuchte, sein Tempo mitzuhalten. „Nee", keuchte ich. „Ich mache mir um *mich* Sorgen, für den Fall, dass du verschwindest!"

„Ach so", brummte es. „Na, dann ist ja gut."

* * *

Manchmal läuft alles richtig gut. Vielleicht haben Sie einen neuen Job, sind frisch verliebt oder planen eine tolle Reise. Sie freuen sich! Und dann gibt es Menschen in der Umgebung, die sich Sorgen um Sie machen und Ihnen aufzählen, was alles schief laufen kann. Und ehe Sie es sich versehen, liegt über Ihrem gerade noch so sonnigen Glück ein dunkler Schatten.

„Ich *mache mir* Sorgen", heißt es. Sorgen sind also nicht von sich aus da, sondern sind ein Produkt von Gedanken und Fantasie. Und beachten Sie das „mir": Es scheint, als seien die Sorgen eigentlich für den sich Sorgenden bestimmt.

Und damit klingt an, worum es beim Sich-Sorgen für Andere zuweilen geht: Um das (eigene) Bedürfnis, für den anderen da zu sein, ihn zu beschützen, vielleicht eigene Erfahrungen erzählen zu können oder auch die Ahnung, dass man in einem halben Jahr als Kummerkasten da steht. Die Sorgen, die da gemacht werden, sind meist nicht für *Sie* gedacht – sonst würde der- oder diejenige ja sagen: „ich mache *dir* Sorgen!" Genau das aber kann passieren, wenn ein – durchaus gut gemeinter – sorgenvoller Blick uns trifft: plötzlich haben wir die Sorgen des Gegenübers und überlegen, ob nicht vielleicht wirklich eintreten könnte, was wir da hören.

Es gibt Situationen, in denen wir selbst nicht sicher sind, ob das, was wir tun oder vorhaben, wirklich richtig ist. Dann ist es sinnvoll, einen Rat einzuholen – und der darf dann auch besorgt sein. Und es gibt Situationen, in denen man sich selbst dermaßen aus dem Blick verliert – regelmäßig zu viel trinkt oder sich sehr naiv in eine offensichtlich gefährliche Situation begibt –, in denen nahestehende Menschen gut daran tun, uns auf mögliche Gefahren hinzuweisen.

Und dann gibt es jene Situationen im Leben, in denen wir vor Glück nur so überlaufen. Selbst, wenn in einem solchen Moment eine Statistik vor uns läge, aus der wir ersehen könnten, dass das mit Sicherheit schlecht ausgeht – wir würden ihr nicht glauben. Weil Menschen das Glück brauchen und weil zum Glück das Gefühl von „das bleibt!" und „für mich gelten all die Regeln nicht!" gehört.

Ein Argument dafür, sich um andere Sorgen zu machen, ist oft: „Aber wenn ich ihn jetzt schon darauf hinweise, dass das auch schief gehen kann, dann tut es nachher nicht so doll weh. Dann ist er schon vorbereitet!" Wenn wir hinfallen, tut es immer weh. Egal, wie vorbereitet wir waren. Vielleicht haben wir schneller ein Pflaster zur Hand. Aber es tut weh, und vorher damit gerechnet zu haben, lindert diesen Schmerz nicht. Mehr noch: wenn wir die ganze Zeit, in der wir hätten glücklich sein können, damit beschäftigt waren, uns Sorgen zu machen... – dann haben wir den Schmerz _und_ eine nur halb-glückliche Zeit zuvor.

Wir können uns darauf verlassen, dass wir früher oder später merken, falls etwas einen Haken hat. Und dann sollten wir uns an Menschen wenden können, die es gut mit uns meinen, und sie um Rat fragen. Sorgen, um die wir nicht gebeten haben und die uns nicht vor einem definitiven Unglück bewahren, dürfen wir aus dem Weg gehen, sobald sie unser aktuelles und so einmaliges Glück eintrüben.

Einladung zum nächsten Schritt

Was in Ihrem Leben macht Sie derzeit so glücklich, dass Sie es uneingeschränkt genießen möchten?

_____

_____

Wer in Ihrer Umgebung macht sich diesbezüglich Sorgen um Sie?

_____

_____

Was ist möglicherweise dessen eigentliches Anliegen dabei: wofür könnte dieses Sich-Sorgen _für den anderen_ gut sein?

_____

_____

Möchten Sie diese Bedenken zurzeit hören?

☐ a) Ja – ich habe selbst den Verdacht, dass ich auf dem Holzpfad bin

☐ b) Nein – ich will mein Glück genießen, so, wie es gerade ist

☐ c) Ja, vorsichtshalber – aber ich möchte trotzdem mein Glück nicht eintrüben

Bei a)
→ schauen Sie sich Ihre Situation ehrlich an und ändern Sie etwas!

Meine eigenen Bedenken:

_____

Was ich ändern werde, damit ich mich sicherer fühle:

_____

_____

Bei b)
Gehen Sie dem „Schattenmacher" bzw. dessen Bedenken vorerst aus dem Weg

Wie werden Sie das in nächster Zeit tun?

☐ ich treffe mich erst einmal nicht mit ihm/ihr

☐ ich komme nicht auf mein Thema zu sprechen

☐ _____

oder
→ Sagen Sie ihm (sinngemäß, mit Ihren Worten): „Ich danke dir, dass du dir Sorgen machst – und zur Zeit möchte ich mein Glück einfach nur genießen. Wenn etwas schief läuft, ist es toll zu wissen, dass ich mich an dich wenden darf!"

Mit meinen eigenen Worten:

_____

_____

Bei c)
→ hören Sie sich die Sorgen des Gegenübers an (vielleicht eine festgelegte Zeit lang, z.B. maximal 30 Minuten). Schreiben Sie sich dessen Gedanken auf und packen Sie diesen Zettel an eine Stelle, wo Sie ihn bei Bedarf finden können. Und dann wenden Sie sich wieder ihrem gegenwärtigen Glück zu.

Schlechtes Gewissen

25

> **Auftakt**
>
> In sozialen Gefügen gibt es ein Bedürfnis nach gerecht verteiltem Arbeitseinsatz. Hieraus entstehen, insbesondere in der Arbeitswelt, aber auch im Privatleben, ungeschriebene Regeln. Wer sich diesen widersetzt, um seinen eigenen Bedürfnissen zu folgen, hat oft ein schlechtes Gewissen. Indem diese Kriterien hinterfragt und eigene Regeln ergänzt werden, kann eine Balance zum Beispiel zwischen Kollegialität und Selbstbestimmung hergestellt werden.

Die Gouvernante

„Ich bin dann mal weg!", rufe ich und will schwungvoll das Büro verlassen. In der Tür pralle ich gegen eine schmale hohe Gestalt, die die Hände in die Hüften stemmt.

„Sie wollen schon gehen?"

Ich stutze. Geht die das irgendetwas an?

„Was heißt hier ‚schon'? – ich bin eher spät dran."

„Und Kollege Wagner darf das Projekt alleine zu Ende machen?"

Durchatmen. Ein Mal. Zwei Mal. Die innere Stimme einschalten: ‚Ich habe das Recht, rechtzeitig zu gehen. Mein Privatleben hat heute Vorrang.'

„Herr Wagner hat auch ein Privatleben. Meinen Sie wirklich, Ihres geht vor?", schnarrt sie.

Kann die Gedanken lesen? Und selbst wenn. Ich schwinge meine Handtasche über die Schulter und schiebe mich an ihr vorbei.

„Tschüss Rainer", rufe ich und drehe mich noch mal um, „Und mach nicht mehr so lange". Aber meine gute Laune ist futsch. Draußen scheint die Sonne, und eigentlich wollte ich einen Kaffee trinken. Eigentlich...

Stattdessen eile ich zur Post. Das ist nun wirklich notwendig, das schafft man ja sonst gar nicht, wenn man nicht mal rechtzeitig geht. Kaum aber stehe ich in der Schlange, steht sie neben mir und blickt auf mich hinunter.

„Wirklich dringend ist das mit den Briefmarken nun auch nicht, gelt? Auf Rainer warten immerhin zwei Kinder. *Der* hätte nun wirklich mal Grund, eher zu gehen."

Missbilligend beobachtet sie den behäbigen Mann hinter dem Schalter.

„Geht's noch?", fahre ich sie an. Und atme wieder durch. Rainer hätte doch auch gehen können. Das Projekt bekommen wir rechtzeitig hin, terminlich kein Problem.

„Wär trotzdem gut, wenn das Projekt morgen schon fertig wäre. Was ja auch ginge, wenn denn alle den gleichen Einsatz zeigten", entgegnet sie.

Ich zeige ihr einen Vogel, verlasse die Post und setze mich ins Straßencafé gegenüber. Es dauert keine fünf Minuten, da sitzt sie neben mir. Ich bestelle einen Becher Kaffee. Sie bestellt Mineralwasser. Wir schweigen. Ich versuche zu genießen. Ich könnte heulen.

Sie schiebt mir ein Taschentuch zu. „So eine schlechte Kollegin sind Sie nun auch wieder nicht. Morgen bleiben Sie einfach länger."

„Und...", frage ich, und schiebe das Taschentuch unbenutzt in meine Tasche. „Wann machen Sie heute Feierabend?"

Sie schüttelt den Kopf. „Das hier muss ich noch zu Ende bringen."

Ich hole tief Luft. „Ist es Ihnen denn wirklich so wichtig, dass ich mich nicht einfach mal erhole?"

Sie nestelt an Ihrem Täschchen. „Was soll ich tun. Ich bin im Auftrag des Schlechten Gewissens unterwegs." Und nippt an ihrem Wasser.

Gegen solche, denke ich mir, kommt man nicht an. Zeugen Jehovas, Versicherungsvertreter. Schlechtes Gewissen. Da helfen keine Argumente. Schnell trinke ich meinen Kaffee aus. „Ich bin nicht interessiert", verabschiede ich mich und zahle. Und gehe. Und drehe mich nicht um.

* * *

Ein schlechtes Gewissen ist oft der eigene erhobene Zeigefinger. Und so, wie wir zwei Zeigefinger haben, gibt es auch zwei Formen des schlechten Gewissens.

Zum einen ist da das schlechte Gewissen darüber, dass wir Schaden angerichtet haben, indem wir etwas getan oder unterlassen haben und uns dafür selbst maßregeln. Mit dieser inneren Instanz stimmen wir meist überein: Es war wirklich nicht in Ordnung, die Freundin so vor den Kopf zu stoßen. Den Müll im Hotelzimmer hätte man tatsächlich wegräumen sollen. Diese Form des „inneren schlechten Gewissens" ist ein Hinweis darauf, beim nächsten Mal etwas besser oder anders zu machen.

Das schlechte Gewissen, um das es in diesem Kapitel geht, trifft oft dann auf, wenn wir etwas tun oder lassen (möchten), was uns in dem Moment gut tut beziehungsweise täte. Seine Funktion ist es, uns darauf aufmerksam zu machen, was wir der Umgebung oder anderen *möglicherweise* antun, wenn wir uns um unsere eigenen Interessen kümmern. Wenn wir früher von der Arbeit weg gehen (obwohl andere Kollegen noch weiter arbeiten), wenn wir uns, weil wir gerade unsere Ruhe brauchen, nicht bei Freunden melden (obwohl die schon lange auf einen Anruf warten), wenn wir eine Pause machen (obwohl noch eine Menge zu tun ist).

Dieses „äußere schlechte Gewissen" ist ein Hinweis darauf, was andere Menschen von uns erwarten beziehungsweise was wir *vermuten*, was sie von uns erwarten. Jemand, der oft ein äußeres schlechtes Gewissen hat, achtet meist mehr darauf, die Ansprüche der Umgebung zu erfüllen, als den eigenen Bedürfnissen zu folgen.

Es scheint in den meisten Fällen nur zwei Möglichkeiten zu geben, wenn sich unser äußeres schlechtes Gewissen meldet:
- Ich tue, was mir gut tut – mit einem unguten Gefühl der Umgebung gegenüber.
- Ich tue, was mir nicht gut tut – der Umgebung zuliebe.

Welch eine Zwickmühle!

Neben den beiden oben beschriebenen Reaktionen gibt es aber noch die Möglichkeit: „Ich tue, was gut für mich ist – mit einem guten Gefühl!" Das kann natürlich Konsequenzen haben. Die Kollegen sauer, die Freunde enttäuscht, die Arbeit nicht fertig geworden. *Für dieses eine Mal!* Das äußere schlechte Gewissen funktioniert deshalb so gut, weil es uns vermittelt: „Das ist nicht *einmal* so, sondern so (unsozial) bist du *immer*!". Als würden wir von nun an stets so handeln und uns damit selbst als Kollegen oder Freundin disqualifizieren.

Ein weiterer Trick des äußeren schlechten Gewissens ist, dass wir Regeln als gegeben annehmen, ohne sie zu überprüfen. Vielleicht wartet der Kollege schon lange darauf, dass Sie endlich rechtzeitig gehen – dann kann er tags drauf auch mal früher Feierabend machen. Wissen Sie wirklich, dass Ihren Freunden ein häufiger Kontakt sehr wichtig ist? Und sind Sie sicher, dass Sie die Arbeit nicht viel effektiver erledigen werden, wenn Sie eine Pause gemacht haben? Bei häufigem schlechten Gewissen anderen gegenüber ist es ratsam, die dazu gehörigen Annahmen von Zeit zu Zeit zu überprüfen.

Wer also sein äußeres schlechtes Gewissen ab und zu „sitzen lassen" möchte, dem geht es nicht darum, ein gewissenloser Mensch zu werden, sondern darum, die freie Wahl zu haben zwischen „Ich richte mich jetzt, in dieser Angelegenheit, nach den Bedürfnissen meiner Umgebung" und „Ich richte mich jetzt, in dieser Angelegenheit, nach meinem eigenen Bedürfnis!"

Einladung zum nächsten Schritt
In welcher Situation habe ich immer wieder ein schlechtes Gewissen?

_____

_____

Wenn ich in der beschriebenen Situation ein schlechtes Gewissen habe, wofür entscheide ich mich dann meistens eher:

☐ Ich gebe dem Gewissen nach und tue oder lasse etwas, was ich eigentlich nicht möchte.

☐ Ich mache das, was ich eigentlich lieber tun will – und habe ein schlechtes Gewissen dabei.

Nach welcher Regel richte ich mich, wenn ich in dieser Situation ein schlechtes Gewissen habe?
Hinweis: dies sind oft Sätze wie „Es ist ja so, dass..." oder „Das sollte man..."

_____

_____

_____

Überprüfen Sie diese Regel:

Steht diese Regel irgendwo geschrieben?
☐ Ja   ☐ Nein

Gilt diese Regel für alle Menschen?
☐ Ja   ☐ Nein

Falls nein: gilt diese Regel nur für Sie?
☐ Ja   ☐ Nein

Ist diese Regel sinnvoll?
☐ Ja   ☐ Nein

Wie werden Sie diese Regel überprüfen?
Beispiel: Ich frage meine Eltern, in welchen Abständen es Ihnen wichtig ist, mit mir zu telefonieren

_____

Was genau bedeuten diese Erkenntnisse für Ihren künftigen Umgang mit dem schlechten Gewissen?

_____

Welches andere Bedürfnis habe ich bei dem, was ich eigentlich tun möchte?
Beispiel:
Ich melde mich heute Abend nicht bei meinen Eltern, weil ich mit einer Freundin ins Kino gehen möchte: es ist mir wichtig, diese Freundschaft zu pflegen!

Ich helfe nicht beim Umzug mit, weil ich mich um meinen Rücken sorge und mich schonen möchte.

Wie oft dürfte ich diesem anderen Bedürfnis nachgeben – und dabei ein gutes Gefühl mir und meinen Werten gegenüber behalten?
Einmal am Tag / in der Woche / ...

Probieren Sie es aus – und achten Sie sorgfältig auf die Konsequenzen:

Geht es Ihnen besser, schlechter oder gleich gut, wenn Sie *einmal* Ihrem anderem Bedürfnis nachgehen? Und wenn es Ihnen damit besser geht: wie oft dürfen Sie das wiederholen?

Wie genau reagiert die Umgebung in dem Moment, in dem Sie sich „ungewöhnlich" verhalten und wie geht es Ihnen mit dieser Reaktion?
Beispiel: Als ich meiner Bekannten das Treffen abgesagt habe, hat sie ziemlich säuerlich reagiert. Es ging mir zehn Minuten lang schlecht – und dann hatte ich einen herrlichen Abend in der Badewanne!

Was sind die längerfristigen Auswirkungen Ihres neuen Verhaltens und was bedeutet das für Sie?
Beispiel: nachdem ich meiner Bekannten kurzfristig abgesagt hatte, war sie kurze Zeit etwas kurz angebunden; inzwischen ist es so wie früher und wir haben das Treffen auch schon nachgeholt. Ich sollte es wohl mit den Absagen nicht übertreiben, aber ab und zu scheint das ok zu sein.

Mittelmäßigkeit 26

Auftakt

Wer sich mit Anderen vergleicht, sei es beruflich oder privat, zieht oft den Kürzeren. Superlative Darstellungen in den Medien und prahlerische Berichte im Bekanntenkreis können zusätzlich zu einer Abwertung der eigenen Person führen. Dabei werden diese Vergleiche meist unter falschen Bedingungen angestellt. Wer sich vergleicht, sollte dies in angemessener Form tun: an den gegebenen Möglichkeiten orientiert, im eigenen Interesse, und am besten nur mit sich selbst.

Daheim

Auf dem Seelsorgetag der Musterhäuser herrscht meist Hochbetrieb. Die schwersten Fälle sind jene, die kürzlich zum ersten Mal in einer Stadt oder einem Dorf waren.

„Dort gibt es Tausende von meiner Art", schniefen sie und haben ihre Rollläden halb herunter gezogen. „Viel schöner" (ein neuer Schniefer) „oder größer" (tiefer Seufzer). Viele Musterhäuser begeben sich dann zum nächstbesten Fassadenmaler und verlangen eine besonders auffällige Farbgebung.

Vor einiger Zeit, so erzählte mir eine Freundin, die ehrenamtlich auf diesem Seelsorgetag arbeitet, war ein zutiefst erschüttertes Haus bei ihr. Ein attraktives Gebäude mit einigen interessanten Details und elegantem Stil. Es sei, so hatte es stolz begonnen, das einzige dieser Art in seiner Musterhaussiedlung, in der ansonsten südländische und schwedische Haustypen in einen gegenseitigen Wettbewerb getreten waren. Es werde aber, so hatte es geschluchzt, nie wieder glücklich sein mit dem Wissen, wie viele Häuser seiner Art es hier in der Stadt gebe. Es wolle entweder einzigartig sein oder gar nichts.

„Und was wäre", hatte die Freundin vorsichtig gefragt, „wenn jemand in Ihnen wohnen würde?" Nachdenklich hatte es mit der Tür geklappert. „Wer will denn schon in etwas so Mittelmäßigem wie mir wohnen?", war schließlich die Antwort.

Unglücklicker Weise fand zeitgleich in der Stadt der Kongress der Superlative statt, und das Haus, das abends mit einigen Kollegen um die Häuser zog, war auf eine Gruppe lautstarker Superlative gestoßen. „Größer oder schöner schaff ich ja vielleicht noch", grahmte es tags drauf aus dem Keller heraus. „Aber „das größte oder das schönste Haus – never!"

Meine Freundin stimmte ihm freundlich aber bestimmt zu und so schlich es von dannen, während sie mit dem unguten Gefühl zurück blieb, nicht wirklich geholfen zu haben.

Jahre später hat meine Freundin das Haus wiedergesehen. Es stand gut gelaunt in einer Wohnsiedlung mit vielen ihm ähnlichen Gebäuden und grüßte sie herzlich. Es habe sich, berichtete es, damals direkt nach dem Gespräch in die Einöde begeben, mit einem großen Stapel von Kunstbänden über Häuserarchitektur. Und abgesehen davon, dass es in der Einöde – hier glitt ein Sonnenstrahl über seine Wand – wirklich das schönste Haus weit und breit gewesen sei, habe es nach dieser Lektüre eingesehen, wie glücklich es sich schätzen könne.

„Keine blasierten Bewohner, kein jährliches Renovieren, Restaurieren, Sanieren, kein Erker hier und Gaube dort – sondern einfach nur… ein Haus. Und zwar", und eine Fensterscheibe blinkte kurz auf, „ein durchaus sehenswertes!" Und dann winkte es meiner Freundin noch lange mit seiner roten Gardine hinterher.

* * *

Die Geschichte des Mittelmaßes beginnt meist in unserer frühen Kindheit. Anfangs sind wir einzigartig. Erste Worte, Schritte, körperliche Eigenschaften: wir sind die Helden unserer Eltern und unseres eigenen Lebens. Dann aber kommen Gleichaltrige hinzu, die anders (oder gar besser) sind. Und eines Tages begreifen wir, dass unser Leben endlich ist. Unter anderem aus diesen beiden Aspekten entsteht der stetige Vergleich mit anderen Menschen, verbunden mit dem Wunsch, einzigartig zu sein.

Sich zu vergleichen ist angebracht, wenn man im Wettbewerb zu jemandem steht und beschlossen hat, besser als der andere zu sein oder sogar Erster zu werden – zum Beispiel im Sport oder Geschäftsleben. Dann sollte man wissen, was der andere kann (am besten messbar) und wie der eigene Stand ist, um sich gezielt zu verbessern. Hier geht es um relative Qualität: Mein Können im direkten Vergleich mit einem anderen. Im täglichen Vergleich, der oft ganz nebenbei und fast unbemerkt vorgenommen wird, scheint es eher um eine absolute Qualität zu gehen. Wenn der andere besser ist – dann bin ich schlecht. Wenn jemand schneller laufen kann als ich – dann bin ich langsam. Wir setzen uns, indem wir uns mit anderen vergleichen, selbst herab, ohne zu hinterfragen, ob der Vergleich angemessen oder erforderlich ist.

Ein Vergleich ist dann erforderlich, wenn wir uns verbessern wollen. Und wenn jemand besser ist also wir, können wir schauen: was genau kann derjenige besser als ich und was kann ich tun, um ebenso gut zu werden. Sehr viel häufiger aber ist das Vergleichen ziellos. Wir vergleichen, stellen fest, dass der andere besser ist – und fühlen uns schlecht. Oder aber wir vergleichen uns mit jemandem, der in einer ganz anderen Liga spielt als wir, setzen damit das eigene Können fast auf Null – und fühlen uns schlecht. Noch schmerzhafter wird es, wenn es uns nicht genügt, gut zu sein, sondern wenn wir der oder die Beste sein wollen. Das mag in einem Wettbewerb noch machbar sein. Wie aber der erfolgreichste Manager, die schönste Frau, der wortgewandteste Schriftsteller werden? Und ganz nebenbei: wer legt hier den Maßstab von „gut" und „schlecht" fest? Irgendwo jedenfalls auf der Welt gibt es mit hoher Wahrscheinlichkeit immer jemanden, der besser ist.

Ein Motor für die Sehnsucht nach Einzigartigkeit ist wohl der Wunsch nach Unsterblichkeit – wenn schon nicht physisch dann wenigstens ideell. Aristoteles, Goethe, John Lennon: Unsterblich. Wenn wir tot sind, soll von unserem Leben etwas bleiben, ein Beweis, dass es uns gab! Dabei sind wir ohnehin einzigartig. Es gibt auf der Welt keinen Menschen, der ganz genau so ist wie man selbst. Und das, was wir erleben, ist *für uns* ebenfalls einzigartig. Die ersten Schritte, die Geburt des eigenen Kindes, ein Urlaub in Frankreich. Das alles gab es milliardenfach und wird es wieder geben, und ist doch für uns unvergleichlich schön. Wer mehrmals beim Marathon gewinnt, hält dies eines Tages für recht normal; wer aber zum ersten Mal fünf Kilometer am Stück gelaufen ist, hat im Vergleich mit seinen vorherigen Leistungen ein hervorragendes Ergebnis erzielt. Wenn wir so fair bleiben, uns nur mit uns selbst zu vergleichen, dann gelingt es, realistisch zu sehen, wie besonders das ist, was wir gerade erleben.

Einladung zum nächsten Schritt

Welcher Vergleich macht Ihnen zurzeit zu schaffen?

_____

Was genau vergleichen Sie dabei?
z.B. „Wie ich aussehe", „wie schnell ich laufe", „wie erfolgreich ich bei der Arbeit bin"

_____

Betrachten Sie sich selbst so objektiv wie möglich und so, als gäbe es keinen Vergleich mit anderen.

Beispiel:
Überlegen Sie, wie Sie aussehen → ich sehe ganz gut aus, habe hübsche Augen, etwas viel Bauch, ...
Sehen Sie sich beim Joggen → Ich laufe eher langsam und vier Mal in der Woche
Beobachten Sie sich bei Ihrer Arbeit → Oft arbeite ich sehr genau und konzentriert, wenn es um die Ablage geht, bin ich eher etwas nachlässig

Im Vergleich mit sich selbst: was an dem, worum es Ihnen geht, hat sich in den letzten Jahren verbessert?

_____

Vergleichen Sie sich bei dem, worum es Ihnen geht, mit einer von Ihnen als ‚besser' wahr genommenen Person und notieren Sie, was *anders* ist. Achten Sie darauf, dass Sie keine Komparative (schneller, schöner, grüner,...) verwenden.
Beispiel: „ich habe eine kleine Nase – X hat eine mittelgroße Nase" oder „ich schreibe kurze Sätze – Y schreibt Sätze mit vielen Nebensätzen".

Ich	Der / die Verglichene

Wenn Sie sich auf diese neutrale Art mit der anderen Person vergleichen, geht es Ihnen dann

☐ besser
☐ gleich
☐ schlechter

Wenn es Ihnen besser geht: die Umwandlung von „Vergleich" in „Anders" ist für Sie hilfreich – nutzen Sie sie, wenn Sie merken, dass Ihnen ein Vergleich nicht gut tut!

Stellen Sie sich vor, jetzt gerade würde Sie jemand beobachten, der das Gleiche anstrebt, wie Sie (gut aussehen, gut singen, gut schreiben, Erfolg im Beruf, ...) – aber weniger kann als Sie. Kurzum: ein Bewunderer. Welche Eigenschaften oder Fähigkeiten nimmt er an Ihnen wahr, die er selbst (noch) nicht hat?

Wenn Ihnen dieser Vergleich „nach unten" gut tut, nutzen Sie diese Relativierung, sobald Sie sich zu sehr nach oben orientieren.

Optimismus oder Realismus? 27

> **Auftakt**
>
> Bedingungslos optimistisches oder lösungsorientiertes Denken birgt die Gefahr, sowohl angemessene Kritik als auch Gefühle wie zum Beispiel Frust zu vermeiden. Die Theorie, dass man das eigene Leben durch positives Denken entscheidend beeinflusst, kann darüber hinaus Selbstvorwürfe und -zweifel verstärken. Um eine Wahlfreiheit der eigenen Wahrnehmung zu ermöglichen, ist es hilfreich, *sowohl* die Methoden positiver Wahrnehmung *als auch* den Umgang mit unangenehmen Gefühlen und Gedanken anwenden zu können.

Pfützen

„Ich hab keinen Bock mehr!", grätzte mein Optimismus. Er nahm seine rosa Brille ab und seufzte tief aus. „Aaah, ja. So sieht die Welt doch gleich viel besser aus."

Das sah ich entschieden anders. Vor mir baute sich jetzt ein grauer Wohnklotz auf und die vorher kitschigen Blumen entpuppten sich als Unkraut. Ich packte nach der Brille und versuchte, sie ihm wieder aufzusetzen, aber er wehrte sich: „Lass das. Ich hör auf!"

„Womit?"

„Positiv denken, lösungsorientierter Blick, nenn es wie du willst. Ich bin ab heute realistisch."

Ich schwieg betroffen und so saßen wir stumm nebeneinander, als der erste Regentropfen fiel. Ich blickte ihn auffordernd an. ‚Ist nur ein kurzer Schauer', müsste er jetzt sagen. Aber er runzelte die Stirn und blickte nach oben. „Das wird bestimmt ein ordentlicher Guss. Na toll – und kein Unterstand weit und breit."

So schnell gab ich nicht auf. Ich hatte mir in den letzten Jahren einiges bei ihm abgeschaut. Hektisch blickte ich mich um. „Guck mal da hinten: da ist doch ein super Baum zum unterstellen!" Sehr gut. Direkt eine Lösung gefunden.

Er winkte ab. „Der hält maximal zehn Minuten, dann pladdern wir voll."

Meine Stimmung sank. Ich wollte nicht nass werden und ich war sauer auf meinen Optimismus. „Guck dir mal an, was ich anhabe", schimpfte ich. „Ich bekomme doch sofort eine Erkältung!"

„Es gibt kein schlechtes Wetter, es gibt nur die falsche Kleidung", äffte er sich selbst nach und schlug mir lachend auf die Schulter. „Ätzender Satz, oder?"

Bevor ich antworten konnte, fing es an zu schütten und innerhalb von fünf Minuten waren wir klatschnass.

„Mir ist kalt", nölte mein Optimismus.

„Hättest du mal deine Brille aufgelassen!", erwiderte ich und merkte im gleichen Moment, wie unsinnig dieser Hinweis war.

„Und jetzt?", fragte ich. „Gehen wir nach Hause?"

Er nickte. „Ich werde heute sowieso nicht wieder richtig warm werden!"

Warnend schaute ich ihn an, aber er ließ sich nicht abhalten. „Bis auf die Knochen, ich sag's dir. Oh, mir ist so kalt." Er zog die Nase hoch. „Ich glaub, ich bekomm schon einen Schnupfen. Fühl mal meine Stirn."

Ich legte ihm meine Hand auf die Stirn und die war tatsächlich etwas warm. „Du Armer, Dich hat's ja echt erwischt."

Er nickte begeistert. „Ja, mir ist so was von elend!"

„Und was ist daran so toll?"

Mein Optimismus strahlte jetzt über das ganze Gesicht. „Jammern macht ja dermaßen Spaß. Du glaubst nicht, was für eine Erleichterung das ist, so einen Scheißregen nicht umdeuten zu müssen. Und dann dein Mitleid – herrlich!"

Er nahm mich an der Hand und zog mich in die Allee, in der inzwischen tiefe Pfützen standen. Die erste umrundeten wir missgelaunt, in die zweite trat ich aus Versehen, und ab der dritten platschten wir in jede tiefe Pfütze und schmetterten lauthals „Doofer Regen!", „Mistwetter!", „Blöder Tag!" und unsere Laune besserte sich von Schritt zu Schritt.

* * *

Optimistisch sein, eine rosarote Brille tragen, lösungsorientiert handeln, positiv denken – diesen Verhaltensweisen gemein ist, dass sie ihren Fokus auf das richten, was funktioniert, was ‚trotzdem' schön ist, was klappen könnte. Die Verwendung dieser Begrifflichkeiten ist unscharf. Hier ist eine erste Unterscheidungshilfe:

- Optimismus meint eine positive Zukunftserwartung.
  Motto: „Ich sehe, was nicht so gut ist – aber ich gehe davon aus, dass es besser wird."

- In der Lösungsorientierung wird der Fokus bewusst vom Problem auf die Lösung gesetzt.
  Motto: „Ich setze mich nicht auseinander mit dem, was mir fehlt, sondern mit dem, was ich stattdessen haben möchte."

- Das Positive Denken geht davon aus, dass man durch gezielte Beeinflussung der Gedanken eine höhere Lebensqualität erreichen kann.
  Motto: „Wenn ich richtig (nämlich positiv) denke, schaffe ich mir eine gelungene Gegenwart!"

Alle drei Ansätze gehen davon aus, dass es nicht von Schicksal oder Zufall abhängt, ob es uns gut ergeht und ob wir die Welt als angenehm erleben oder nicht. Stattdessen, so die Annahme, sind wir selbst Verursacher dessen, wie wir wahrnehmen und fühlen. Dieser Aspekt führt dazu, dass diese Ansätze auch *gegen* uns verwendet werden können. Das Ganze kippt in dem Moment, in dem jemand, der klagt, trauert oder sich Sorgen macht, für sein Leid verantwortlich gemacht wird im Sinne von „wenn du so negativ denkst, musst du dich auch nicht wundern, dass es dir nicht besser geht!" Da klingt durch, dass wir nicht klagen, trauern oder uns sorgen dürfen, sondern von vornherein die Welt positiv zu betrachten haben. Das wirkt, als seien Gefühle wie Trauer oder Wut geradezu verboten. Mal abgesehen davon, dass es niemandem hilft, für sein Leid verantwortlich gemacht zu werden, haben die dunklen Gefühle auch ihr Gutes. Ein Wutanfall, wenn es regnet oder ein tiefes Schluchzen nach einem traurigen Ereignis sind eine effektive Möglichkeit, Luft raus zu lassen, und oftmals ist die „innere" Luft danach tatsächlich wie gereinigt.

Der Blick auf die Realität muss erlaubt bleiben, mal abgesehen von der Frage, was die „Realität" überhaupt ist. Wer mit einer rosaroten Brille seinen Beruf aufgibt, um in die Berge zu ziehen, der kann ebenso Schaden nehmen wie jemand, der sich trotz offensichtlicher Warnhinweise auf eine ungesunde Beziehung einlässt. Auch können Verbesserungen an einer Situation nur dann vorgenommen werden, wenn wir zuvor das Nicht-Funktionierende realisiert haben. Wichtig ist es zu entscheiden, wann es sinnvoll ist, sich auf das Nicht-Funktionieren zu konzentrieren und wann der Moment gekommen ist, den „dunklen" Blick in einen „hellen" zu wandeln. Und wenn man denkt „ich würde jetzt gerne das Ganze etwas positiver wahrnehmen", dann ist es gut, entsprechende Methoden zur Hand zu haben. Der eine fühlt sich mit positivem Denken wohl, der andere wendet das lösungsorientierte Denken an und der nächste übt sich in einer optimistischen Grundhaltung. Wenn wir uns *selbst* entscheiden, in eine hellere Wahrnehmung zu wechseln, dann ist es auch uns selbst überlassen, wie viel Realität wir sehen und wie viel wir davon vorerst nicht wahrnehmen wollen.

Einladung zum nächsten Schritt

Beschreiben Sie etwas ausführlicher das Nicht-Funktionierende, um das es Ihnen gerade geht.
Beispiel: Ich bin traurig. Das ist wie ein kleiner Kloß im Bauch und ich könnte ständig weinen. Ich denke viel an X und dann werde ich noch trauriger.

_____

_____

Stellen Sie sich nun für einen Moment vor, dieses Gefühl wäre weggezaubert. Wie geht es Ihnen dann?

☐ besser
☐ schlechter

Überlegen Sie nun, wie es in einem Jahr ist, wenn Sie an diese Situation zurückdenken: war es gut, das Gefühl „wegzuzaubern" oder hätte das Gefühl noch bleiben sollen?

- ☐ Das war gut so!
- ☐ Es wäre für mich gut gewesen, das Gefühl noch länger zu haben, weil

_____

„Besser" und „das war gut so": wenden Sie sich einer Übung für die einzelnen Methoden zu (s.u.)

„Besser" und „Es wäre für mich gut gewesen..." bzw. „Schlechter" und „Das war gut so!":
Es scheint, als wäre es zurzeit für Sie sinnvoll, das Gefühl oder die Wahrnehmung noch zu behalten. Was meinen Sie: wie lange ungefähr wird es noch dauern, bis Sie dieses Gefühl / diese Wahrnehmung nicht mehr brauchen?

- ☐ 1) ganz kurz
- ☐ 2) 1–2 Wochen
- ☐ 3) ein paar Monate oder sogar ein Jahr
- ☐ 4) ich möchte das Gefühl / die Wahrnehmung behalten

Bei 1–3:
Woran werden Sie merken, dass das Gefühl / die Wahrnehmung überflüssig geworden ist?

_____

_____

Die folgende Übung können Sie aufbewahren für die Zeit, in der Sie das Gefühl / die Wahrnehmung wechseln möchten.

<u>Übung für die einzelnen Methoden</u>

Im Folgenden finden Sie zu jeder Methode ein ‚Motto'. Wenden Sie bei der von Ihnen ausgewählten Methode dieses Motto auf Ihre Situation an. Sie können auch alle drei Methoden ausprobieren und danach entscheiden, welche Formulierung Sie aktuell anwenden möchten.
Optimismus-Motto: „Ich sehe, was nicht so gut ist – aber ich gehe davon aus, dass es besser wird"

→ Welche knappe Formulierung kann Sie sofort aufmuntern?
Beispiel: Das mit mir und den Beziehungen, das wird schon wieder!

Lösungsorientiertes Motto: „Ich setze mich nicht auseinander mit dem, was mir fehlt, sondern mit dem, was ich stattdessen haben möchte."
→ Was genau ist Ihr derzeitiges Problem – was fehlt Ihnen?
Beispiel: Ich ärgere mich so sehr über meinen Kollegen, dass ich mich nicht auf meine Arbeit konzentrieren kann.

Was möchten Sie stattdessen haben – und was ist ein erster Schritt, um das zu erlangen?
Beispiel: Ich achte weniger auf den Kollegen und mehr auf andere Dinge. Ich stelle mir ein Bild auf den Schreibtisch, das mich ablenkt.

Positives Denken-Motto: „Wenn ich richtig denke, schaffe ich mir eine gelungene Gegenwart!"

→ Welcher Gedanke hält Sie derzeit davon ab, das Positive zu sehen?
Beispiel: „Ich schaffe es nicht, diesen Text fertig zu schreiben"

Finden Sie hierfür eine positive Bestärkung, eine so genannte Affirmation.
Beispiel: Ich arbeite konzentriert und motiviert weiter, so dass ein gelungener Text entsteht.

Schreiben Sie Ihr Motto auf einen Zettel. Sie können es an einen Platz hängen, wo Sie es oft sehen können. Oder Sie stecken es in Ihre Hosentasche, so dass Sie es bei sich tragen. Überprüfen Sie in den nächsten Tagen, inwiefern das Motto sich positiv auswirkt, und formulieren Sie es bei Bedarf noch einmal nach.

Entschleunigung

28

Auftakt

Wer viele berufliche und private Aufgaben hat, der hat viele Termine. Um dieses tägliche Pensum zu schaffen, möglichst noch im ‚Multitasking-Modus', wird häufig das eigene Tempo angezogen. Diese Beschleunigung führt zu Stressgefühlen. Da die Verpflichtungen häufig nicht ohne Weiteres zu verringern sind, kann stattdessen eine bewusste kurzfristige Entschleunigung zu einem entspannteren Tagesablauf beitragen.

Schmetterling

Im Französischen gibt es das Wort ‚zigzaguer'. Und es gibt Tage, da zickzacke ich wie ein kleines Moped durch mein Leben.

Möglicherweise sitzt irgendwo auf einem fernen Planeten ein buntes Männchen und zoomt auf seinem Display aus Langeweile auf die Erde. Da fällt sein Blick auf mich und zwar an genau so einem Zickzack-Tag. Es sieht, wie dieser winzige Punkt von A nach B, von B nach C, von C nach A und von A nach D rattert.

„Ist ja irre. Guck dir das mal an", sagt er dann zu seiner Frau. Verstehst du das?" Und die schüttelt nur den Kopf.

Noch verblüffter ist er, wenn er mich an einem echten Erledigungstag erwischt, mit Einkauf und Zahnarzt, Post und drei schnellen Treffen zwischendurch. Ein riesiges Zickzack, und wenn er näher heran zoomt, sieht er bei jedem großen noch lauter kleine Zickzacks.

„Kinder, kommt mal her", ruft er, „das müsst ihr euch anschauen!", und dann lachen sich seine bunten Kinder halb kaputt über mich. „Guck mal", ruft der Mittlere. „als ob jemand hinter ihr her wäre!" „Ja – und was für schnelle Bewegungen die macht!", lacht der Jüngste und hält sich prustend die Hand vor den Mund. In der Zwischenzeit rase ich weiter durch mein Leben, als sei es eine Autobahn. Stadtverkehr, 30-Zone, Kühe gucken auf der Landstraße: Nix da! Zwischendurch zu verlangsamen kostet unnötig Zeit, und das größte Problem sind bekanntlich die Startschwierigkeiten, also besser gar nicht erst stehen bleiben. Und plötzlich ist es vom Zickzack nur noch ein Katzensprung zum Zack-Zack. Morgens aus dem Bett, rein in den Tag, tough durch die Arbeit, und mit etwas mehr Geschwindigkeit geht da noch was, denn es soll ja ein erfülltes Leben werden. Nur – als Frau

Klickerklacker wollte ich eigentlich nicht durch mein Leben hasten. Ich hatte da eher an etwas Leichtes, Unbeschwertes gedacht. Und deshalb haben die Franzosen noch das Wort ‚papillonner'. Papillon, das ist der Schmetterling. Also heißt es schmetterlingen. Ein zarter Flügelschlag mit ein paar eifrigen Loopings, sich von einem Windhauch treiben lassen von hier nach da, und Schönen guten Tag, ich flieg dann mal weiter, oder, ach nein – eine kleine Pause ist noch drin und das nächste Ziel gibt es auch noch eine Stunde später. „Das will ich lernen", denke ich und zickzacke davon, um schnell noch einen Schmetterlingskurs zu buchen.

Damit seinem Junior von meinem Gekurve nicht schwindlig wird, greift der grüne Mann derweil nach der Fernbedienung und stellt auf Zeitlupe. Gemächlich radle ich auf seinem Display die Straße entlang, tuckere durch die Stadt, schlendere zur Buchhandlung, verweile mit jedem Schritt kurz auf der Stelle und Sohnemann steckt irgendwann gedankenverloren seinen Daumen in den Mund und schlummert friedlich ein.

* * *

Es schwierig, dem Alltagsstress entgegen zu wirken. Frühstück mit den Kindern, auf dem Weg zur Arbeit schnell noch bei der Post vorbei, vom Berufsstress mal ganz abgesehen, auf dem Nachhauseweg einkaufen, zuhause erst mal bei der Mutter anrufen, die schon so lange auf den Anruf wartet – jeder kennt diese Tage, an denen sich ein Termin, eine Verpflichtung und eine private Verabredung aneinander reihen. Dass wir uns dabei oft abgehetzt und entsprechend erschöpft fühlen, hängt unter anderem mit dem Gefühl von Zeitmangel zusammen. Wenn wir von Sonnenauf- bis untergang so viel Zeit hätten, wie wir für die Aufgaben des jeweiligen Tages benötigten, hätte der Stress es schwerer.

Dieses Gefühl, dass es auf jede Minute ankommt, führt bei vielen Menschen dazu, dass sie beginnen, (sich) zu hetzen. Dann werden selbst kleine Bewegungsabläufe beschleunigt: schnell die Milch aufsetzen, zackig den Mantel anziehen, eilig die Unterlagen zusammen raufen. Und auf den Strecken, die zurückzulegen sind, versuchen wir, das Tempo noch zu erhöhen: den Weg von der Bahn zur Arbeit im Laufschritt, im Auto das Gaspedal, auf dem Fahrrad noch einmal mehr in die Pedale treten. Vorherrschende Stimmung: Hektik. Die Sorge, zu spät zu kommen oder etwas nicht zu schaffen, veranlasst uns zu übertrieben schnellen Bewegungen – und die vermitteln dem Gehirn, dass gerade Eile angesagt ist, so dass wir von dort aus die Stresssignale bestätigt bekommen.

Wenn wir diesen Kreislauf nicht unterbrechen, feuern sich Körperbewegung und Hirn gegenseitig an. Diese gegenseitige Beeinflussung lässt sich aber nicht nur für eine zunehmende Beschleunigung sondern ebenso für eine gezielte *Ent*schleunigung nutzen. Der Kopf lässt sich nicht so einfach beruhigen, denn all das, was wir auf der imaginären Liste stehen haben, muss ja, so meinen wir, tatsächlich erledigt werden. Und zwar heute noch.

Statt als erstes den Kopf zu beruhigen, kann man mit dem Verlangsamen von Geschwindigkeit oder Körperbewegungen beginnen. In dem Moment, in dem ich auch nur *eine* üblicherweise hektische Bewegung verlangsame, beruhige ich für diesen Augenblick meine Wahrnehmung der gesamten Situation. Das Gleiche gilt für das Tempo zum Beispiel auf dem Weg zur Arbeit: eine kurze Strecke, auf der man langsamer fährt als gewohnt, kann genügen, um ein Gefühl von Ruhe zu erzeugen.

Das bedeutet nicht, dass alle Abläufe in Zeitlupe ausgeführt werden. Im Gegenteil: ein ordentlicher Sprint kann überschüssige Energie abbauen und wer innerhalb von zehn Minuten die gesamte Wohnung gefeudelt hat, ist zufrieden mit der getanen Arbeit. Es kommt viel mehr darauf an, bewusst zu entscheiden, ob gerade ein hohes Tempo gut ist oder ob die aktuell hohe Schlagzahl vor allem für ein Gefühl von Überforderung, Stress oder „Ich schaff das alles nicht!" sorgt. Erstaunlicherweise führt eine gezielte zwischenzeitliche Verlangsamung eher selten dazu, dass die Aktionen entsprechend länger dauern: Bei ruhigen Bewegungen fällt weniger zu Boden und muss entsprechend nicht aufgehoben werden, wer in Ruhe die Wohnung verlässt, vergisst das Portemonnaie nicht, und langsam Auto fahrend entdeckt man schon früh einen Parkplatz. Entscheidend ist aber, wie sich diese Ruhephasen auf unser Wohlergehen auswirken: nicht nur, dass der innere Druck sinkt, sondern wir haben dadurch auch die Muße, angenehme Dinge wahrzunehmen oder zu erleben. Eine nette Szene am Straßenrand, den letzten Schluck Kaffee noch genießen: es sind solche ‚Kleinigkeiten', die am Ende eines Tages dazu führen können, dass man mit dem Tagesverlauf einverstanden ist.

Einladung zum nächsten Schritt

Hinweis: Die folgende Übung können Sie für einen der nächsten Tage planen.

Wann ist Ihr nächster voller Tag?_____
Beobachten Sie sich an diesem Tag: Wann sind Sie hektisch, wann sind Sie zügig, wann eher ruhig, wann trödeln Sie?
Sie können sich zum Beispiel vorstellen, dass ein Kamerateam Sie begleitet, das einen Film über das Phänomen „Tempo im Alltag" drehen will. Oder Sie stellen sich vor, wie Sie aus der Vogelperspektive immer wieder die eigenen Wege und Körperbewegungen nachvollziehen.

Wenn Sie mit dieser Übung gelernt haben, sich selbst von außen wahrzunehmen, können Sie im nächsten Schritt das Beobachtete gezielt ändern:

Wählen Sie einen weiteren Tag aus, an dem Sie immer mal wieder Ihr eigenes Tempo bewusst regulieren. Wenn Sie also merken, dass Sie gerade hektisch sind, nehmen Sie die nächste sinnvolle Bewegung / Wegstrecke und verlangsamen Sie Ihr Tempo.

Notieren Sie kurz am Ende des Tages: Was verändert sich durch die gezielte Verlangsamung?

Wie geht es Ihnen während und kurz nach der Verlangsamung?

☐ besser
☐ etwa gleich gut
☐ schlechter

Wenn es Ihnen besser geht, scheint dies eine gute Methode für Sie zu sein, tagsüber immer wieder für eine kurze Entschleunigung zu sorgen.

Wenn es Ihnen gleich gut oder schlechter ergeht, achten Sie bitte beim nächsten Mal auf Ihre Gedanken und Ihre Wahrnehmung während der Verlangsamung. Was erzählt Ihnen Ihre Stimme im Kopf? Wenn Sie etwas hören wie „dieses Trödeln kannst Du Dir nicht leisten!", antworten Sie der Stimme mit einem Hinweis wie „das ist nur ein kurzer Moment, ich verliere maximal eine Minute!"

Wenn Sie mögen, können Sie Ihr Tempo noch unterteilen – ähnlich dem Fahren auf einer Autobahn, einer Bundesstraße, in der Stadt oder in einer 30-Zone. Dafür können Sie jetzt schon einmal überlegen, wann welches Tempo sinnvoll ist.

Autobahn: _____
(Beispiel: wenn ich zur Arbeit fahre und sehr spät dran bin)

Bundesstraße: _____
(Beispiel: wenn ich keinen Termin mehr habe, aber bald daheim sein möchte)

Stadtverkehr: _____
(Beispiel: wenn ich etwas erledigen möchte und gut in der Zeit bin)

30-Zone: _____
(Beispiel: wenn ich erschöpft bin oder frei habe)

Wie rufen Sie sich in zukünftigen Situationen, in denen Sie üblicherweise auf 150 beschleunigen, diese Abstufungen in Erinnerung?

_____

_____

_____

„Stell dich nicht so an!" 29

Auftakt

„Stell dich nicht so an!" ist ein Satz, der einem Leidenden vermittelt, dass er zu stark oder zu lange mit seinem Schmerz beschäftigt sei. Dieser Hinweis fügt zum Leid noch das schamhafte Gefühl fehlender Tapferkeit hinzu. Wer trauert, der sollte sich gezielt an einfühlsame Menschen wenden. Den Vorwurf, sich anzustellen, braucht niemand für sich zu akzeptieren, und jeder darf selbst den Zeitpunkt bestimmen, wann es genug des Trauerns oder Leidens ist.

Ein gutes Team

Es klopft an meiner Tür. Das passt jetzt eigentlich gar nicht. Mir ist elend zu Mute, eigentlich würde ich viel lieber Feierabend machen, aber ich muss zusehen, dass ich langsam wieder in die Gänge komme. Demonstrativ lasse ich die Hände auf der Tastatur liegen. „Herein?"

Als ich die beiden sehe, bin ich erleichtert.

„Ach, ihr seid's... – setzt euch."

Ich schenke Wasser ein und blicke sie fragend an.

„Das funktioniert so nicht!", beginnt das Mitgefühl.

„Gerade gestern wieder, als du dich mit dieser blöden, dieser...", fährt der Trost dazwischen.

„Vorsicht – das ist immerhin eine Freundin von mir!", unterbreche ich. Er verzieht den Mund.

„Was war denn nun gestern?", frage ich. Und dann erzählen sie. Dass sie anfangs guter Dinge waren, weil sie dachten, dass sie von meiner Freundin Unterstützung bekämen. Weil es mir ja jetzt schon seit einiger Zeit nicht so gut ging. Erst der Tod des guten Freundes und dann noch der berufliche Tiefschlag. Und sie seien ein wenig am Ende mit ihrem Latein, zumal ich ja zunehmend von Leuten, die es angeblich gut mit mir meinen, durch die Blume mitgeteilt käme (und hier schnaubte das Mitgefühl verächtlich aus), dass ich jetzt lange genug mit allem gehadert hätte. Na, jedenfalls seien ihnen schon so langsam die Argumente ausgegangen bei all diesen blöden Ratschlägen, und da hätten sie gedacht, wenn ich mich mit Vivian träfe (‚Vivian!', faucht der Trost. ‚Wenn ich das schon höre'), dann bekäme ich bestimmt eine zusätzliche Portion Mitgefühl.

Ich schaue nachdenklich aus dem Fenster. Ja, das hatte ich auch gehofft. Aber Vivian hatte ziemlich schnell das Thema gewechselt. Und sie hatte ja Recht: Andere kamen schneller über so etwas hinweg. Das Mitgefühl schaute mich aufmerksam an und schüttelte den Kopf.

„Nee-nee-nee. Ich seh' genau, was Du denkst!"

‚Stell dich nicht so an!', rufen wir alle drei im Chor und lachen. Das hatte Vivian tatsächlich so gesagt.

Das Mitgefühl schiebt energisch seine Ärmel hoch. „Dieser Satz gehört verboten!"

Ich zucke mir den Schultern. „Ich kann meinen Bekannten nicht verbieten zu sagen, was sie denken."

Die beiden schauen sich an wie zwei Ärzte bei der Visite. „Die können ja auch sagen, was sie wollen!", beginnt der Trost betulich.

„Aber vielleicht hörst du mal auf, dir das zu eigen zu machen!", setzt das Mitgefühl etwas sachlicher fort. „Dann können wir nämlich auch wieder zu Worte kommen." „Also nie wieder ‚Stell dich nicht so an' denken", seufze ich ergeben.

„Außer bei einer langen Museumsschlange", prustet der Trost.

* * *

„Stell dich nicht so an!" ist ein Satz, der Leid verstärkt. Nicht nur, dass man sich elend fühlt, man bekommt zusätzlich noch vermittelt, dass es für dieses Elend keinen Grund (mehr) gibt. Dass es entweder nicht so schlimm sei oder dass es Menschen gibt, die so etwas besser wegstecken. Kurz: die Reaktion auf das, was passiert ist, sei unangemessen.

Dementsprechend müsste es eine für alle Menschen gleichermaßen geltende Art geben, *angemessen* auf bestimmte Dinge zu reagieren. Messbare Regeln also, wie zum Beispiel ‚Sich den Zeh zu stoßen, ist auf der körperlichen Schmerzskala eine 3, und man darf maximal 2 Minuten lang weinen' oder ‚Einen geliebten Menschen zu verlieren, ist auf der emotionalen Schmerzskala eine 8,5 und man darf 12 Monate trauern."

Wie stark ein Schmerz ist und wie lange die Zeit des Leidens dauert, hängt aber von vielen Faktoren ab. Für den, der gerade müde ist oder sich zusätzlich zum Schmerz noch sehr erschrocken hat, verstärkt sich der empfundene Schmerz. Und wer in seinem Leben schon um viele Tote trauern musste, für den kann das Gewicht des nächsten Todes um ein vielfaches mehr wiegen. Zudem ist das individuelle Schmerz- und Leidempfinden von Mensch zu Mensch unterschiedlich – sowohl körperlich als auch psychisch. Man kann also höchstens innerhalb eines individuellen Spektrums davon sprechen, dass sich jemand ‚anstellt': wer normalerweise eine kleine Wunde gelassen hinnimmt und dieses Mal wehklagt, reagiert zumindest ungewöhnlich.

Wozu aber dient dann dieser Satz? Meist hat der Betroffene schon länger geklagt und sein Gegenüber ist davon angestrengt. Dessen Anliegen ist es also, den Betroffenen dazu zu bringen, weniger oder gar nicht mehr zu klagen. Nur: „Stell dich nicht so an!" führt in vielen Fällen dazu, dass der Betroffene *heimlich* weiterleidet und dann nach einer Weile von Neuem mit dem Klagen beginnt.

Was tun, damit der Betroffene tatsächlich weniger klagt? Vielleicht braucht er einfach ‚nur' Trost: eine Umarmung kann Wunder bewirken. Vielleicht will er *ein* Mal ernst genommen werden in seinem Kummer. Auch eine Ablenkung kann helfen, über eine akute Traurigkeit hinwegzukommen. Und wenn man es als Gegenüber gar nicht mehr aushält, könnte man die Situation (kurz) verlassen, bis man wieder Geduld oder Mitgefühl für den Betroffenen aufbringen kann.

„Stell dich nicht so an." Im schlimmsten Fall hält der Betroffene die Botschaft für wahr und wertet das eigene Leid vor sich selbst ab. Welche Gründe das Gegenüber auch hat, einen in seinem Leid zurückzuweisen (er ist überfordert, genervt, hat selbst mit dem Thema zu kämpfen), eines ist klar: seine Reaktion tut nicht gut und hilft nicht. Also gilt es zu schauen, wer einem gerade *besser* helfen kann. Brauche ich Trost, dann gehe ich zu jemandem, der mich tröstet. Wenn Zuhören besser wäre, kenne ich vielleicht jemanden, der gut zuhören kann. Wem es hilft, mit Leidensgenossen zu sprechen, bin ich dort gut aufgehoben. Oft genügt es, weiter zu weinen, weiter zu trauern, weiter zu klagen – bis es eines Tages weniger wird. Dafür brauchen wir niemanden, der uns das erlaubt oder verbietet, sondern nur ein eigenes Gefühl für den eigenen Schmerz.

Einladung zum nächsten Schritt

Was geht Ihnen durch Kopf und Herz, wenn Sie den Satz „stell dich nicht so an!" hören?

_____

_____

_____

_____

Hören Sie diesen Satz noch einmal ganz genau hin: wessen Stimme spricht da?

☐ eine mir eher unbekannte Stimme

☐ das ist die Stimme von _____

☐ meine eigene Stimme

Und jetzt hören sie noch einmal gut hin und versuchen Sie, den Klang dieses Satzes zu verändern. Notieren Sie im rechten Kasten, wenn die Veränderung für Sie angenehm ist:

Die Stimme ist leiser	
Die Stimme ist lauter	
Die Sprechgeschwindigkeit wird langsamer (so, als ob ein Band leiert)	
Die Sprechgeschwindigkeit wird schneller (wie bei Micky Mouse)	
Der Tonfall wird liebevoller und tröstlich	
Die Stimme lacht beim Sprechen so, als mache sie sich selbst über den Satz lustig	
Im Hintergrund läuft Musik, nämlich _____	

Gibt es eine Verbesserung? Dann probieren Sie noch einmal, wie der Satz nun klingt – und merken Sie sich diesen Klang für den Moment, in dem diese Stimme sich bei Ihnen meldet.

Wenn es Ihnen schlecht geht: was hilft Ihnen dann gegen den Schmerz oder den Kummer (Sie können mehrere Dinge ankreuzen)

☐ Mit Worten getröstet werden
☐ in den Arm genommen werden
☐ Jemand, der mir einfach zuhört, ohne Kommentare oder Ratschläge zu geben
☐ Jemand, der das Gefühl kennt oder gerade auch darunter leidet
☐ Ablenkung

Nehmen Sie die Dinge, die Ihnen helfen, und notieren Sie dazu einen Menschen, der das gut kann. Fällt Ihnen gerade keiner ein? Dann achten Sie in der kommenden Zeit einmal darauf, wer das sein könnte.

Heben Sie sich diese Liste auf für die nächste Situation, in der Sie Trost brauchen. Sie kennen sich selbst am besten und können sich vermutlich auch am besten trösten. Mal angenommen, beim nächsten Kummer gibt es – außer den Menschen, die „Stell dich nicht so an!" vermitteln oder sagen – niemanden, der sie gerade trösten kann. Was tun Sie selbst Gutes für sich?

Beispiel: ich höre eine Musik, die mir gute Laune macht. Ich mache mir eine heiße Schokolade. Ich gehe Spazieren. Ich lege mich mit einer Wärmflasche ins Bett. Ich lenke mich ab und gehe ins Kino.

_____

_____

_____

_____

Große Projekte 30

Auftakt

Große Vorhaben vermitteln einem schnell das Gefühl, dass sie kaum zu bewältigen sind: Wenn man sieht, was alles zu tun ist, entsteht die Befürchtung, dem nicht gewachsen zu sein – und dann fängt man am besten gar nicht erst an. Vielleicht ist es insgesamt wirklich viel. Aber das, was unmittelbar als Nächstes zu tun ist, ist gewiss zu schaffen. Wer bewusst nur auf den nächsten Schritt achtet, verliert die Angst vor dem Gesamten.

Beppo[1]

Beppo Straßenkehrer wohnte in der Nähe des Amphitheaters in einer Hütte, die er sich aus Ziegelsteinen, Wellblechstücken und Dachpappe selbst zusammengebaut hatte. [...]

Er fuhr jeden Morgen lange vor Tagesanbruch mit seinem alten, quietschenden Fahrrad in die Stadt zu einem großen Gebäude. Dort wartete er in einem Hof zusammen mit seinen Kollegen, bis man ihm einen Besen und einen Karren gab und ihm eine bestimmte Straße zuwies, die er kehren sollte.

Beppo liebte diese Stunden vor Tagesanbruch, wenn die Stadt noch schlief. Und er tat seine Arbeit gern und gründlich. Er wusste, es war eine sehr notwendige Arbeit.

Wenn er so die Straßen kehrte, tat er es langsam, aber stetig: bei jedem Schritt einen Atemzug und bei jedem Atemzug einen Besenstrich. Dazwischen blieb er manchmal ein Weilchen stehen und blickte nachdenklich vor sich hin. Und dann ging es wieder weiter: Schritt – Atemzug – Besenstrich – – –.

Während er sich so dahinbewegte, vor sich die schmutzige Straße und hinter sich die saubere, kamen ihm oft große Gedanken. Aber es waren Gedanken ohne Worte, Gedanken, die sich so schwer mitteilen ließen wie ein bestimmter Duft, an den man sich nur gerade eben noch erinnert, oder wie eine Farbe, von der man geträumt hat. Nach der Arbeit, wenn er bei Momo saß, erklärte er ihr seine großen Gedanken. Und da sie auf ihre besondere Art zuhörte, löste sich seine Zunge, und er fand die richtigen Worte. „Siehst du, Momo", sagte

---

[1] Aus: Michael Ende: Momo. Thienemanns Verlag, Stuttgart 1973, S. 35–37

er dann zum Beispiel, „es ist so: Manchmal hat man eine sehr lange Straße vor sich. Man denkt, die ist so schrecklich lang; das kann man niemals schaffen, denkt man."

Er blickte eine Weile vor sich hin, dann fuhr er fort: „Und dann fängt man an, sich zu eilen. Und man eilt sich immer mehr. Jedes Mal, wenn man aufblickt, sieht man, dass es gar nicht weniger wird, was noch vor einem liegt. Und man strengt sich noch mehr an, man kriegt es mit der Angst, und zum Schluss ist man ganz außer Puste und kann nicht mehr. Und die Straße liegt immer noch vor einem. So darf man es nicht machen."

Er dachte einige Zeit nach. Dann sprach er weiter: „Man darf nie an die ganze Straße auf einmal denken, verstehst du? Man muss nur an den nächsten Schritt denken, an den nächsten Atemzug, an den nächsten Besenstrich. Und immer wieder nur an den nächsten."

Wieder hielt er inne und überlegte, ehe er hinzufügte: „Dann macht es Freude; das ist wichtig, dann macht man seine Sache gut. Und so soll es sein."

Und abermals nach einer langen Pause fuhr er fort: „Auf einmal merkt man, dass man Schritt für Schritt die ganze Straße gemacht hat. Man hat gar nicht gemerkt wie, und man ist nicht außer Puste." Er nickte vor sich hin und sagte abschließend: „Das ist wichtig."

* * *

Beppo Straßenfeger ist mein Vorbild. Sowohl in dem, wie er arbeitet, als auch wegen der Metapher, die sein Schöpfer Michael Ende geschaffen hat. Beppo hat mir bei vielen Aufgaben und Lebensabschnitten und so auch bei diesem Buchprojekt immer wieder beiseite gestanden. Wenn ich die vielen Kapitel sah, die noch zu schreiben waren und all das, was *dann* noch zu tun war, war ich manchmal kurz davor, schnell-schnell zu arbeiten, damit ich zügig voran käme. Wenn ich dann meinen inneren ‚Beppomaten' eingeschaltet hatte, habe ich mich wieder in aller Ruhe dem aktuellen Kapitel zugewandt, nach Worten gesucht, Formulierungen überprüft und schließlich die Datei gespeichert. Auch während eines Coachingprozesses wird immer wieder deutlich, wie wichtig das ist: bei einem Projekt, das voraussichtlich über Monate oder sogar Jahre gehen wird, erst das Ziel anzupeilen, vielleicht auch Zwischenziele zu finden – und dann zu schauen, was ist als *nächstes* dran? „Aah! Ja, *das* schaffe ich". Und alles andere sehen wir dann.

Viele Vorhaben scheinen kaum zu bewältigen. Im Beruf (ein Projekt starten und durchführen oder den Stapel auf dem Schreibtisch abarbeiten) ebenso wie im Privaten (die gesamte Wohnung neu renovieren oder aus einem frischen Flirt eine vertraute Beziehung wachsen lassen). Mit all unserer Lebenserfahrung sehen wir, was da alles zu tun ist. Sämtliche anfallenden Aufgaben ploppen vor unserem inneren Auge auf. Bis man damit durch ist, vergeht locker ein Jahr oder gar ein Jahrzehnt. Mal ganz abgesehen von allen Unwägbarkeiten, die ja noch dazwischen kommen könnten. Kein Wunder, dass wir vor vielen solcher Vorhaben denken „das schaffe ich nie – und wenn, dann nur mit maximalem Energieaufwand." Wenn wir das Vorhaben dann trotzdem starten, wird es oft nicht leichter, im Gegenteil: die ersten Tage waren schon so erschöpfend und wenn man dann schaut, was noch alles vor einem liegt... Wie soll das nur gehen?

Das, was uns den Atem oder den Mut nimmt, ist oft dieser Blick auf „das Ganze". Sicherlich ist diese Perspektive am Anfang wichtig, damit wir wissen, wo es hingehen soll und wie wir dorthin kommen können. Wenn wir dann aber vorerst nur auf das blicken, was *als nächstes* zu tun ist, stellt sich meist Erleichterung ein. Der nächste Schritt, die nächste kleine Maßnahme: machbar! Und danach der folgende Schritt, die folgende Maßnahme: wieder machbar! Zudem kann man bei jedem neu erreichten Schritt schauen, ob der ursprünglich gewählte Weg noch der richtige ist oder ob nicht inzwischen eine andere Richtung sich als sinnvoll erweist. Und mehr noch: wenn wir uns jeweils nur auf das konzentrieren, was jetzt gerade dran ist, machen wir diesen Teil der Aufgabe vermutlich sorgfältiger und vielleicht sogar freudvoller.

Auch, wenn man zwischendurch überhaupt nicht sehen kann, ob man schon irgendetwas geschafft hat: mit jedem flüchtigen Gedanken und jeder kleinen Handbewegung arbeiten wir auf unser vielleicht schon aus den Augen (aber gewiss nicht aus dem Herzen) verlorenes Ziel zu. Und eines Tages schauen wir froh und stolz zurück und erkennen: Das habe ich tatsächlich alles geschafft. Einfach so...

Einladung zum nächsten Schritt

Von welchem Projekt, welcher Aufgabe habe ich zur Zeit den Eindruck „Das ist *so* viel – das schaffe ich nie!" ?

___

Was ist (erst einmal ins Unreine geschrieben) mein Ziel?

___

Woran werde ich erkennen, dass ich mein Ziel erreicht habe?

___

___

Was für ein Zwischenziel gibt es, bei dem ich sagen würde: „Wenn ich *das* schon mal erreicht hätte... – das wäre super!"

___

Welche 3 bis 4 Dinge sind bis zu diesem Zwischenziel zu tun:

___

___

Was ist jetzt *als Erstes* zu tun?

_____

Was ist meine aktuelle Einschätzung: Wie schwierig wird dieser erste Schritt?

1 = enorm schwierig   ...   10 = ganz einfach

1	2	3	4	5	6	7	8	9	10

Ist der Wert kleiner als 5? Wie kann ich diesen ersten Schritt noch unterteilen?
Beispiel: Ich bewerbe mich. Kleinerer erster Schritt: ich mache Bewerbungsphotos
Beispiel: Ich spreche mit meinem Partner über meinen Kinderwunsch. Kleinerer erster Schritt: Ich frage meinen Partner, wann er Zeit für ein Gespräch hat

Wie schalte ich, falls mein Blick wieder auf „alles, was noch zu tun ist", meinen Beppomaten ein: wie erinnere ich mich also künftig daran, jetzt erst einmal nur an den *nächsten* Schritt zu denken?

Die Autorin

Barbara Burghardt ist in Hannover als zertifizierter Personal Coach selbstständig tätig. Ihre Methoden basieren auf der Technik des Neurolinguistischen Programmierens (NLP) und der Systemischen Beratung, wobei sie sowohl auf private als auch berufliche Anliegen eingeht. Themenschwerpunkte sind unter anderem die Stärkung des Selbstwertgefühls, das Lösen innerer Konflikte sowie berufliche (Neu-)Orientierung. Hier liegt ein besonderer Akzent auf der Arbeit mit Frauen in Führungspositionen und beruflicher Selbstständigkeit.

Des Weiteren hat die Autorin gemeinsam mit einer Kollegin 1998 nach ihrem Studium zur wissenschaftlichen Diplom-Bibliothekarin eine Firma für Informationsmanagement gegründet, mit der sie seitdem in Niedersachsen tätig ist. An der Hochschule Hannover war sie von 2001 bis 2005 Dozentin für Informationsmanagement. Seit einigen Jahren begleitet Barbara Burghardt als Lektorin private und berufliche Schreibprojekte.

Kontakt und weitere Informationen:
www.baloop.de
www.liberaction.de

Abbildungsverzeichnis

- 1 Scheitern
  - Abb. 1.1   Bildrechte: Manuela Hoch / pixelio.de
  - Abb. 1.2   [Urheberrecht beim Autor]
- 2 Entwicklungsphasen (Freistunde)
  - Abb. 2.1   Bildrechte: Zettberlin / photocase.com
  - Abb. 2.2   Bildrechte: Gerhard Prantl / pixelio.de
- 3 Melancholie und andere Stimmungen (Die Stadtmusikanten)
  - Abb. 3.1   Bildrechte: jonibe / photocase.com
  - Abb. 3.2   Bildrechte: Wolfish / pixelio.de
- 4 Wünsche (Küsschen)
  - Abb. 4.1   Bildrechte: kallejipp / photocase.com
  - Abb. 4.2   Bildrechte: andrey-fo / photocase.com
- 5 Gedankenkarussell (Ruhe im Karton)
  - Abb. 5.1   Bildrechte: bit.it / photocase.com
  - Abb. 5.2   Bildrechte: Roodini / photocase.com
- 6 Schatten der Vergangenheit (Mit leichtem Gepäck)
  - Abb. 6.1   Bildrechte: Rike / pixelio.de
  - Abb. 6.2   Bildrechte: MisterQM / photocase.com
- 7 Vergessene Kindheitswünsche (Kellerkinder)
  - Abb. 7.1   Bildrechte: designritter / photocase.com
  - Abb. 7.2   Bildrechte: akinski / pixelio.de
- 8 Pläne und Geduld (Im Fahrtwind)
  - Abb. 8.1   Bildrechte: Philipp Leitinger / pixelio.de
  - Abb. 8.2   Bildrechte: Rudolpho Duba / pixelio.de
- 9 Die Erwartungen der Eltern (My Melody)
  - Abb. 9.1   Bildrechte: Mavie32 / photocase.com
  - Abb. 9.2   Bildrechte: paiphoto / photocase.com

- **10 Hoffnung (Der Wombat)**
  Abb. 10.1   Bildrechte: lemmiu / photocase.com
  Abb. 10.2   Bildrechte: Harthmut Bendig / pixelio.de

- **11 Disziplin (Ohne Sattel)**
  Abb. 11.1   Bildrechte: Martin Büdenbender / pixelio.de
  Abb. 11.2   Bildrechte: Fiebke / photocase.com

- **12 Persönlichkeitsentwicklung (Ornamente)**
  Abb. 12.1   Bildrechte: dixiland / pixelio.de
  Abb. 12.2   Bildrechte: Alfred Hasselbacher / pixelio.de

- **13 Angst (Ulla)**
  Abb. 13.1   Bildrechte: BirgitH / pixelio.de
  Abb. 13.2   Bildrechte: Flugwapsch62 / pixelio.de

- **14 Umgang mit eigenen Fehlern (Das Mopsprinzip)**
  Abb. 14.1   Bildrechte: Carlo Pedersoli / photocase.com
  Abb. 14.2   Bildrechte: Ruth Rudolph / pixelio.de

- **15 Arbeit als Statussymbol (Poker)**
  Abb. 15.1   Bildrechte: GG-Berlin / pixelio.de
  Abb. 15.2   Bildrechte: delater / pixelio.de

- **16 Rückzugs- und Präsenzphasen (Erlauben Sie mal!)**
  Abb. 16.1   Bildrechte: Alexander-Hauk / pixelio.de
  Abb. 16.2   Bildrechte: Alexander Altmann / pixelio.de

- **17 Wut (Die neue Mitbewohnerin)**
  Abb. 17.1   Bildrechte: Maret Hosemann / pixelio.de
  Abb. 17.2   Bildrechte: silje / photocase.com

- **18 Auszeit (Mimosen)**
  Abb. 18.1   Bildrechte: M.Großmann / pixelio.de
  Abb. 18.2   Bildrechte: Rike / pixelio.de

- **19 Heile Welt (Bilderbuch)**
  Abb. 19.1   Bildrechte: shiningchris / photocase.com
  Abb. 19.2   Bildrechte: Martin Schemm / pixelio.de

- **20 Zweifel (Sahnehäubchen)**
  Abb. 20.1   Bildrechte: Rainer Sturm / pixelio.de
  Abb. 20.2   Bildrechte: Sassi / pixelio.de

- **21 Neuanfang (Kompost)**
  Abb. 21.1   Bildrechte: designrigger / photocase.com
  Abb. 21.2   Bildrechte: Skyphab / photocase.com

- **22 Bauchgefühl (Partner für's Leben)**
  Abb. 22.1   Bildrechte: Benice / photocase.com
  Abb. 22.2   Bildrechte: Thomas Siepmann / pixelio.de

Abbildungsverzeichnis

- 23 **Alltags- und Lebenskrisen (Dong!)**
  Abb. 23.1 Bildrechte: Wolkenmaus / pixelio.de
  Abb. 23.2 Bildrechte: hofschlaeger / Pixelio.de

- 24 **Die Sorgen Anderer über mich (Im Hellen)**
  Abb. 24.1 Bildrechte: PeeF / pixelio.de
  Abb. 24.2 Bildrechte: Angelina S. / pixelio.de

- 25 **Schlechtes Gewissen (Die Gouvernante)**
  Abb. 25.1 Bildrechte: Andiii.bildwerk / photocase.com
  Abb. 25.2 Bildrechte: Jelka / photocase.com

- 26 **Mittelmäßigkeit (Daheim)**
  Abb. 26.1 Bildrechte: ePole / photocase.com
  Abb. 26.2 Bildrechte: Günter Havlena / pixelio.de

- 27 **Optimismus oder Realismus? (Pfützen)**
  Abb. 27.1 Bildrechte: CFalk / pixelio.de
  Abb. 27.2 Bildrechte: Lama –photography / photocase.com

- 28 **Entschleunigung (Schmetterling)**
  Abb. 28.1 Bildrechte: Frankziska Kleinschmidt / pixelio.de
  Abb. 28.2 Bildrechte: Dennis Schmitt / pixelio.de

- 29 **„Stell dich nicht so an!" (Ein gutes Team)**
  Abb. 29.1 Bildrechte: skaisbon / photocase.com
  Abb. 29.2 Bildrechte: w.r.wagner / pixelio.de

- 30 **Große Projekte (Beppo)**
  Abb. 30.1 Bildrechte: Walter Frehner / pixelio.de
  Abb. 30.2 Bildrechte: frau.L. / photocase.com

- **Die Autorin**
  Bildrechte: Franz Fender

The manufacturer's authorised representative in the EU is Springer Nature Customer Service Centre GmbH, Europaplatz 3, 69115 Heidelberg, Germany. If you have any concerns regarding our products, please contact ProductSafety@springernature.com

Printed and bound by CPI Group (UK) Ltd, Croydon, CR0 4YY

23/03/2026

02076458-0019